农业与农村经济管理丛书

农村公共品投入与社区服务

张素罗　高迎霞　崔艳蕊　编著

金盾出版社

内 容 提 要

本书是“农业与农村经济管理丛书”的一个分册，内容包括：概述、农村公共品投入的基本状况、农村公共品投入主体、保障农村公共品投入的有效途径、农村社区服务总体状况、农村社区服务新模式、健全农村社区服务体系，保障农村公共品投入7章。内容系统完整，语言通俗易懂。适合政府农业部门及负责农村干部、大学生村官培训的专门机构使用，亦可供相关部门的干部、农业院校相关专业师生及具有中等以上文化程度的农民自学使用。

图书在版编目(CIP)数据

农村公共品投入与社区服务/张素罗，高迎霞，崔艳蕊编著.—北京：金盾出版社，2012.10(2014.4 重印)
(农业与农村经济管理丛书)
ISBN 978-7-5082-7736-3

Ⅰ.①农… Ⅱ.①张… Ⅲ.①农村—公共物品—农业投入—中国②农村社区—社区服务—中国 Ⅳ.①F323.8②669.3

中国版本图书馆 CIP 数据核字(2012)第 137307 号

金盾出版社出版、总发行
北京太平路 5 号(地铁万寿路站往南)
邮政编码：100036 电话：68214039 83219215
传真：68276683 网址：www.jdcbs.cn
封面印刷：北京凌奇印刷有限责任公司
正文印刷：北京军迪印刷有限责任公司
装订：兴浩装订厂
各地新华书店经销

开本：850×1168 1/32 印张：7.5 字数：176 千字
2014 年 4 月第 1 版第 2 次印刷
印数：5 001～12 000 册 定价：16.00 元

序

《国民经济和社会发展第十二个五年规划纲要》(以下简称《规划》)对“十二五”农业农村发展提出了新的要求,各级农业部门要紧紧围绕在工业化、城镇化深入发展中同步推进农业现代化的重大任务,扎实工作,开拓创新,努力开创“十二五”加快现代农业发展和社会主义新农村建设新局面。《规划》指出,推进“十二五”农业农村经济发展,要深入贯彻落实科学发展观,坚持统筹城乡发展方略,以推进农业科学发展为主题,以转变农业发展方式为主线,以确保国家粮食安全和农民持续较快增收为目标,着力强化政策、科技、装备、人才和体制支撑,着力夯实农业和农村经济发展基础,显著提高农业现代化水平、新农村建设水平和农民生活水平,为经济社会平稳较快发展和全面建设小康社会奠定坚实基础。总体目标是,粮食等主要农产品综合生产能力稳步提高;现代农业建设取得阶段性明显进展,有条件的地区率先基本实现农业现代化;农民收入大幅提高,农民生活更加殷实,新农村建设取得明显成效,城乡发展更加协调。主要任务包括七个方面:巩固提高粮食综合生产能力、大幅提升农业科学技术和物质装备水平、调整优化农业和农村经济结构、努力促进农民持续较快增收、大力发展农业农村公共服务、完善创新农业农村发展体制机制和加强农村生态环境保护。

“十二五”期间,我国农业与农村经济发展中存在着许多突出的问题。满足农产品需求不断增长的资源约束压力依然很大,耕地保有量已经逼近18亿亩红线,耕地保护形势依然严峻,节水农业的发展尚有许多技术和政策问题没有解决。解决农产品供求和食品安全的政策有效性不足，政策目标有所偏差，没有从改善和优化食物分配结构方面考虑制定有效的解决农产品供求矛盾的政策，食品安全形势依然堪忧，监管制度和体系很不完善。收入差距还在继续扩大，城乡居民收入差距扩大，农村内部居民收入差距扩大。土地制度不完善，农民的合法权益没有得到充分保障，有意愿进行土地承包经营权流转的农户仍然面临操作层面的制度不完善，建设征地和建设用地制度中的一些根本性问题尚未得到解决。基本公共服务均等化目标的实现仍任重道远。农村金融供给和服务环境没有得到根本改善。

为了适应《规划》提出的农业农村发展的新要求，帮助解决我国农业与农村经济发展中存在的突出问题，河北农业大学经济贸易学院、商学院、人文学院与金盾出版社联袂推出符合中国国情的、有利于指导农业与农村发展的“农业与农村经济管理丛书”，包括《农产品期货贸易》《农村财政项目管理》《农村公共品投入及社区服务》《农村小额保险》《新型农村合作医疗》《农村新型社会养老保险》《农民自我发展与创业》《农民工工伤预防与处理》《农产品市场营销》《农村土地流转及征收》《乡镇企业融资管理》《中国农业保险》《农产品质量安全》《农民专业合作组织》。

本套丛书坚持“基础理论必要够用，使用语言通俗易懂，理论密切联系实际”的编写原则。适用范围比较宽泛，既适用于高等农林院校经济管理类专业、农学专业、农村区域发展专业等各相关专业本科生使用，也可作为农村基层干部、农业技术人员、经济管理人员的学习和培训用书，同时也可作为广大农民自我提高的有益读本。

该套丛书的出版，将有助于农村基层干部、广大农民及其他农业从业人员了解新时期的农村现状，掌握相应的基本理论和知识，提高他们的综合素质，相信对我国农业与农村经济的持续稳定发展大有裨益。

前　言

农业、农村、农民问题始终是全党工作的重中之重。党中央从以科学发展观统领经济社会全局出发，明确把"社会主义新农村建设"作为解决"三农"问题的基本工作方针，提出了"生产发展、生活宽裕、乡风文明、村容整洁、管理民主"的新农村建设基本目标，为中国农村的发展和走向现代化指明了方向。

新农村建设是工业反哺农业的一项重要举措，而农村公共品的有效供给则是建设新农村的必然要求和逻辑起点。农村公共品具有惠及社会乃至后代的巨大正外部效应，是农民增收和农村经济社会科学发展的基础，其供给水平既是衡量农村经济社会发展水平的一个重要方面，也是衡量新农村建设总体情况的重要标志。随着我国经济快速发展，社会建设不断进步，"以工补农，以城带乡"形成氛围，农村公共品的供给效率和水平日益提高。但相对于农民不断增长的巨大需求而言，农村公共品供给与需求的矛盾仍较为突出，不仅影响着新农村建设多元目标的实现，而且也成为构建和谐社会的制约因素。因此，如何兼顾效率与公平，不断优化农村公共品供给是新农村建设中亟待解决的重要理论问题和现实问题。当前，我国农村公共品供给已初步形成了政府、农村社区、市场、社会力量等多元供给格局，而农村社区因其特有的地域相近、规模适度、便于服务等优势，在农村公共品供给中发挥着日益重要的作用。以社区为载体的农村公共品供给机制不仅能够汇聚多元投入主体，有针对性地为社区所辖区域的农民群众有效提供公共品，加快发展农村社会事业，改善农民生产生活条件，而且能够促进城乡基本公共服务均等化，弥补新农村建设过程中的“短腿”。因此，农村社区服务体系建设及社区服务模式创新日益成为理论研究与实践探索的重点。

本书分七章对农村公共品投入和农村社区服务问题进行探讨。第一章概述了农村公共品和农村社区服务的基本理论知识；第二章分析农村公共品投入的基本状况及影响因素；第三章分析评价政府、农村社区、市场和社会力量等农村公共品投入主体的投入领域及绩效；第四章借鉴国际经验，探讨了保障农村公共品投入的有效途径；第五章从服务基础设施体系、服务组织体系、服务网络体系等方面介绍了农村社区服务的总体状况；第六章分析了农村社区服务典型模式的主要做法、成效及经验启示；第七章提出健全农村社区服务体系，保障农村公共品投入的政策措施。

本书是基于农村公共品与农村社区服务的相关理论，结合我国农村公共品投入和社区服务的实践编写而成。不仅注重知识性、理论性、系统性，而且更为注重通俗性、可读性、实用性。适用范围较为广泛，既适用于政府农业部门及负责农村干部、大学生村官培训的专门机构使用，亦可供农业院校相关专业师生、农村基层干部以及具有中等以上文化程度的农民自学使用。

在本书编写过程中，编者参阅了诸多专家学者的相关文献资料，引用了部分相关数据和典型案例，在此表示衷心的感谢！责任编辑王贺春同志一直热情关注“三农”问题，对书稿的编辑工作认真负责并提出宝贵的修改意见和建议，为保证本书的质量倾注了大量心血，在此表示诚挚的谢意！诚然，因编者水平所限，虽几经修改，书中难免还有疏漏和错误之处，敬请读者不吝赐教。

编著者

目　录

第一章 概 述

第一节 农村公共品

一、农村公共品的涵义和特征

(一)农村公共品的涵义

在公共品理论的基础上,国内很多学者依据公共品的基本属性,从自己研究的角度对农村公共品这一概念进行了不同的界定。其中具有代表性的主要有:张军等(1996)、王国华等(2004)将农村公共品界定为,农村公共品是相对于由农民或家庭自己消费的所谓私人产品而言,可以由当地的农村社区集体参与共享的产品;黄志冲(2000)、陶勇(2001)等认为农村公共品是指区别于农民私人产品,用于满足农村社会的公共需要,具有非排他性和非竞争性的社会产品;熊威(2002)认为,农村公共品是指农村地域范围内私人不愿提供的、具有非排他性、非竞争性的社会产品,这些社会产品会使农村受益,但其中有些社会产品的受益范围又不仅仅局限于农村地区。因而农村公共品具有多层次性,既包括中央政府提供的覆盖到农村的全国性公共品,又包括地方政府和农村组织提供的受益范围局限于本地区或部分外溢到周边地域的地方性公共品。林万龙(2002)则从政府级次的角度将农村公共品界定为乡村范围内的地方公共品,认为乡村社区公共品是在乡或村范围内提供的,为乡村社区农民(或其中的一部分)所消费的带有公共品性质(消费或受益难以完全排它)的产品或服务,包括农村小型基础设施、基本医疗卫生服务、技术信息服务和农村基础教育等。

本书借鉴相关研究的理论成果，将农村公共品定义为：在农村地域范围内，由多元主体提供的、用于满足农村社区居民生产和生活公共需要的、具有非排他性和非竞争性的各类服务和产品。

（二）农村公共品的特征

农村公共品既具有一般公共品属性，和农民消费的其他产品相比，农村公共品还具有以下特征。

1. 农村公共品具有更强的外部性　外部性指市场活动中没有得到补偿的额外成本或额外收益，公共品都存在一定的外部性。例如，农村教育，不仅使受教育者获得了知识，还有助于整个社会农民的文化素质的提高和农村地区精神文明建设，为国家提供了人才，这就是农村教育的外部性。农村公共品能够促进农业生产和改善农民生活，是国民经济健康发展的基础，是和谐社会的重要内容，由此可见其较强的外在经济性。

2. 农村公共品具有更强的地域性和分散性　农村公共品的地域性体现为城乡公共品的非同质性和非均衡性。目前，我国公共品的城乡非同质性表现非常突出，农村公共品是区域性公共品，包含了大量的为农业生产服务的生产性公共品，而生活性或消费性公共品处于较低和基本的需求层次。

村庄的松散性以及自然环境的差异，使农村公共品具有较强的地域性和分散性特征。农村社区布局分散，规模较小，人口分布不均匀且密度较低，强化了农村公共品受益主体的分散性和局限性。

3. 农村公共品具有多层次性　从农村公共品需求的轻重缓急，可以将其分为不同层次。第一层次是满足农业生产基本需求的公共品，主要有道路、桥梁、水利设施、电力、生态林网等；第二个层次是满足农民安全需求的公共品，主要有公共治安、医疗服务、社会保障等；第三个层次是满足农民发展和自我实现的公共品，主要有教育、农业科技推广、广播电影电视等。

4. 农村公共品更多地表现为准公共品特征 农村公共品相对于农村私人产品而存在,大量的产品属性处于半公共品和半私人产品状态。农村公共品的一个明显特征是纯公共品少,准公共品多,界限相对模糊,政策随意性大,政府在提供与不提供之间收缩性大。另外农村中已出现了多种形式的公共品民间供给模式,一些农村公共品存在向私人产品转化的趋势。

5. 农村公共品具有基础性 主要体现在农村私人产品的生产与消费对农村公共品具有强烈的依赖性。与其他产品相比,农村公共品具有弱替代性,如农村基础设施,其存在是农村私人产品生产的前提条件,这一作用是其他产品所难以替代的。

6. 农村公共品具有社会性 长期以来,农村义务教育、医疗卫生、社会保障等社会事业和基础设施严重滞后,形成了行路难、通信难、上学难、就医难、用电饮水难、养老难等问题。因此农村公共品必须为解决农村的社会问题,促进农村社会服务发展。

二、农村公共品的分类及作用

(一)农村公共品的分类

根据不同标准,农村公共品可以划分为不同的类型。相关研究主要从基本属性、特征和作用、地域范围等角度对农村公共品进行划分。

1. 按照公共品的属性分类 分为纯公共品和准公共品。农村纯公共品是指在消费过程中具有完全的非竞争性与非排他性的产品,主要包括农村基层政府行政服务、农业发展战略研究、农村环境保护、农业发展综合规划及信息系统、农业基础科学研究、大江大河治理等。

农村准公共品是介于纯公共品与私人产品之间,具有不完全的非竞争性与非排他性的公共品。主要包括:在性质上接近于纯公共品的准公共品,如农村义务教育、农村公共卫生、农村社会保障、小流域防洪防涝设施建设、农业科技成果的推广、农田防护林、病虫害的防治等；一般的准公共品，如农村高中及职业教育、农村水利灌溉系统、中低产田改造、农村医疗、农村道路建设、乡村电网建设、农村文化馆等；在性质上接近于私人产品的准公共品，如农村电信、电视、成人教育、自来水、农业机械设备投入等。

2. 按照产品的技术属性分类 分为资本密集型产品、技术密集型产品和劳动力密集型产品。

资本密集型产品是指该种产品生产中资本投入比其他生产要素投入相对较多的产品，主要包括农村供水、供电、道路、通讯、文化场地、养老设施等基础设施，基础教育，金融体系，社会保障，医疗保健等；技术密集型产品指需要运用先进的技术生产出来的产品，包括预防病虫害、新品种试验和推广、农业技术培训等；劳动力密集型产品是指那些在生产过程要素投入比例中，劳动力投入比重相对较高的产品，包括村民之间的生产互助、精神互助、生活互助、资金互助以及社区民主和社区自治活动等。

3. 按照农村公共品的作用分类 分为可持续发展类公共品、农村经济发展类公共品和农村基础设施类公共品。

可持续发展类公共品主要包括大江大河的治理、污染治理、防护林建设、生态保护、社会福利、基础教育等；农村经济发展类公共品包括道路、水利设施、病虫害防治、农业技术推广、行政服务、治安等；农村基础设施类公共品包括饮水、文化设施、广播电视、用电、通讯、卫生防疫等。

4. 按照公共品的形态特征分类 分为有形农村公共品和无形农村公共品。

有形的农村公共品主要包括道路桥梁、电网通讯等基础公共设施、保障农业生产的水利设施、气象服务等；无形的农村公共品即农村公共服务包括农村发展和社会管理所需的公共管理、义务教育等服务，农业生产发展所需的科技、信息、病虫害防治和畜禽防疫等服务，农民生活所需的医疗卫生、文化、通讯等服务。

5. 按照公共品的覆盖范围分类 分为全国性农村公共品、区域性农村公共品、地方性农村公共品。

全国性农村公共品是指效益覆盖全国范围的产品或服务，如农村环境保护、农业信息网建设、农业科技成果推广、大型的水利设施、农村医疗卫生防疫、农村电网建设；区域性的农村公共品是指效益覆盖范围为一定区域而非全部地区的公共品或服务，如相邻区域的病虫害防治、河流上下游地区的江河治理和水利建设，跨经济协作区的水利投资等；地方性公共品是指效益仅覆盖某一小区域的公共品或服务，这类公共品一般由当地基层政府或该社区组织提供。

(二)农村公共品的作用

农村公共品供给对于促进传统农业转向现代农业以及农村工业化，构建和谐社会都具有重要的现实意义和长远的战略意义。

1. 有利于促进社会稳定，构建和谐社会 我国目前存在着不平等的城乡二元经济结构，大大阻碍了农村社会经济的发展。农村的医疗保健、养老和保险等社会保障体系的建立，可以增加农民的稳定预期，促进农村社会的稳定。这些都将缩小不断拉大的城乡间社会经济差距，弱化目前收入差距悬殊的二元经济结构，有利于构建社会主义和谐社会。

2. 有利于提高农民素质，促进农村发展 农民在我国社会中属于弱势群体，他们文化水平较低，接受新知识、新技术、新方法的能力较弱，缺乏经营与管理经验。增加和完善公共品的投入，包括农村义务教育和农民职业技术教育的投入，让农民通过学习来提高自身的素质，让农民能树立起积极向上的价值取向，形成健康文明的社会风气，这样才能提高农民的致富创新能力，提高农业综合生产力，促进农村的快速发展[①]。

3. 有利于提高整个社会的劳动生产率 由于农村公共品具有外溢性，而完善的农村公共品会促进农业生产的专业化、规模化、商品化、产业化、市场化和可持续化的发展，可直接或间接地促进社会分工的发展，进而有利于提高整个社会的劳动生产率。

第二节 农村社区服务

一、农村社区的涵义、特征及基本功能

(一)农村社区的涵义

社区，源于拉丁语，意指共同的和紧密的伙伴关系。学术界关于社区的研究已有较长的历史。早在 1887 年，德国社会学家 F. 滕尼斯就在其《共同体与社会》一书中提出了“社区”的概念，并将社区理解为一种包括地缘共同体、精神共同体和血缘共同体，或者它们之间的结合形式的生活共同体。除此之外，国外学者关于社区涵义的界定还有很多种。1955 年，美国学者希莱里通过对已有的 94 个关于社区涵义界定的比较研究发现，有关社区涵义的表述基本上都包括地域、共同的纽带以及社会交往 3 个方面的内容，因此认为地域、共同的纽带和社会交往是构成社区必不可少的 3 个共同要素。

在我国，社区概念最早是由费孝通在 1935 年和燕京大学的一批青年学生研究“地缘组织的人类共同体”时提出的一个名词。他们在翻译美国社会学家帕克的社会学论文时，第一次将英文“community”译为“社区”。当时的社区实际上是一种特殊的社会

---

① 引自湖南农业大学张珺的博士学位论文《我国农村公共品供给问题研究》，2008 年 6 月

组织，主要是指以地区为范围，人们在地缘基础上结成的互助合作的群体，用以区别在血缘基础上形成的互助合作的亲属群体。

随着经济的发展以及新农村建设的不断推进，农村社区建设的重要性越发地凸显了出来。2006 年 10 月，中共中央十六届六中全会决议中首次正式提出“全面开展城市社区建设，积极推进农村社区建设”，标志着我们党已经意识到了农村社区建设在推进新农村建设进程、加强社会管理、创新社会管理体制以及构建和谐社会过程中的重要作用。要想充分地发挥农村社区在新农村建设当中的优越性，首先要明确的就是农村社区的涵义。德国社会学家 F. 滕尼斯和费孝通所提出的社区的外延主要是指传统意义上的农村社区，即随着农业的兴起，从事农业生产的人口需要定居于某个地区而出现的村庄。而这里所说的农村社区是现代意义上的农村社区，与传统的农村社区相比，在内涵上有了很大的变化。它既要包含社区人口、地域空间和自然环境、基础设施、文化以及组织等基本要素，又要揭示农村社区的特定地域、结构和基本功能。它反映的是现代化进程中乡村工业化、村落集镇化、农民市民化的新趋势以及市场经济条件下农村城镇化和工业化的要求，体现的是农村基层管理以及服务体制的创新，包容的是农村乡镇以下的片区或中心村、行政村、自然村等不同层次。

为此，笔者认为这样界定农村社区的涵义比较贴切：农村社区是农村基层管理和服务的基本单元，是农民长期居住、生产和生活的社会实体，它不仅包括一定数量的人口，而且包括由这些人所构成的社会群体和社会组织，不仅包括一定的地域，而且包括人们赖以进行社会活动的生产资料和生活资料。它包括了社会有机体的最基本内容，是宏观社会的缩影。关于农村社区范围和边界的划定方法，民政部制定的《全国农村社区建设实验县（市、区）工作实践方案》做了明确规定，要求各地“按照地域相近、规模适应、群众自愿的原则，科学界定社区的区域范围，明确农村社区的定位”。

具体到实践层面上，各地可依据自身特征，如所处地理位置、周围村庄的分布状况、农业生产特点等科学合理地划定农村社区的范围和边界。例如，有农村社区建设“第一块试验田”之称的江西就依据自身特色将农村社区定位于“村落”(详细内容请见本书第六章第四节江西省农村“村落社区”服务模式)。

(二)农村社区的基本特征

改革开放以后，我国逐步由计划经济体制转入市场经济体制，使农村社区充满了活力，地域环境和结构功能都发生了重大的变化。与传统意义上的农村社区相比较，今天的农村社区蕴涵了更多的时代特色，呈现出更多新的特征。

1. 社区结构系统趋于开放化 改革开放前，血缘关系的结合是农村关系的中心，社会结构简单，社会化与阶层区分和分化的程度低，社会组织单位间的结构关系较为松散。农村经济体制改革后，市场经济的大潮冲击着千百年来形成的以血缘为纽带、小农经济为根基的社会关系，传统的封闭的乡村社会向现代工业社会转变，所有制结构总体上由单一的集体经济转向农户经济(包括个体工商户)、集体经济、新经济体(中小企业主经济、外来工商资本和专业合作经济等)三足鼎立的新格局。农村社会结构总体上也由血缘、亲缘型转向业缘型，形成了独特的工业、农业、商业、建筑、运输、服务业齐全的产业结构，成为产业和人口的集聚地之一，社会成员迅速分化。

2. 社区经济活动趋于复杂化 农村经济体制的改革使得农村社区人口摆脱了千百年来对土地的依附关系，农业劳动力获得了空前的解放，具体表现为农业剩余劳动力的大量涌现。商品经济对传统自然经济的取代带来农村经济的非农化趋势和乡镇企业的发展，突破了旧有的农村经济封闭式的生产格局，劳动分工越来越细，生产的社会化程度越来越高，农村社区内外的经济联系日益频繁，为离开土地的农民提供了新的载体。所以相对自由的农业劳动力开始向城乡二、三产业转移。但多数社区的劳动人口都成季节性流动，老弱妇孺仍然以从事农业生产为主，青壮劳动力则以外出务工谋生为主。总体而言，农村计划经济向市场经济的转化促使了农业劳动力的从业结构由农业转向非农领域。

3. 劳动人口群体趋向异质化 改革开放前，农村社区居民无论是从内在心理或外在表现上，均趋向于同质化。改革开放后，市场经济体制的确立，促进了农村联产承包家庭经营体制的形成与发展，使得农村产业结构由"农业—副业"型转向以农业为基础、工业为主体、服务业为支撑的新结构，社区劳动组织方式、农民生产资料占有形式、劳动产品分配方式，社区居民思想观念、文化素质、家庭功能也都发生了巨大的变化，种植业、养殖业大户和花卉苗木、水果蔬菜专业户大量涌现，工业和商业发展逐渐起步，社会分工逐步细化。为此农民群体开始分化，出现了多样化的职业类型。农村社区同质性的劳动人口逐渐分化为异质性的各行各业的劳动人口。

4. 农村社区组织趋于利益归属型 在市场经济条件下，受利益的驱使，原计划经济下的经济、政治、社会组织功能日趋分化、专门化，开始与行政组织进行结构关系重组，乡村组织形式发生变迁，初级关系（如血缘的或地缘的群体）的重要性日益下降，次级关系（如具有共同利益的正式组织、政府机构和商业公司）的重要性逐步提高。社区组织已经不再完全依附于行政部门，而是由于利益的分化和具体化，形成了不同组织和层次间的利益关系网络。村民自治在农村社区管理与发展中的地位与作用越来越明显。社会关系由乡村取向趋于城市取向，社会组织形式也从简单的行政依附型向复杂的利益归属型变迁。

与城市社区相比较，农村社区的地域、结构等方面都具有独特的特点。第一，农村社区地域广阔，居民聚集程度相对不高；第二，农村社区规模较小，通常是由一个或几个自然村构成；第三，城市社区是随着人类文明的进步而出现的,是生产力发展,社会经济、政治、文化进步的结果,而农村社区的形成受自然进化的影响较为突出,是随着农业生产的发展而出现;第四,城市社区的经济活动以工业和商业为主,生产上受自然条件的影响较小,而农村社区的经济活动以农、林、牧、渔业为主,生产上受自然条件的影响较大;第五,城市社区物质生活和精神生活水平较高,交通、邮电事业发达,信息量大,而农村社区物质生活和精神生活水平相对较低,交通不便,信息闭塞;第六,城市社区需要一整套的社会制度来约束人们各方面的社会行为以维护社会秩序,而农村社区主要依靠风俗、习惯、道德、社会舆论等非正式社会控制手段来维护社会秩序;第七,政府提供的公共服务资源主要集中在城市社区,而在农村社区,与农民群众生产生活密切相关的基础设施及社区服务,基本依靠自身建设;第八,在社区化建设过程中,城市社区已经打破了行政社区和行业的边界,历史关联性和内聚力逐渐减弱,而农村社区以建制村社区为主,自然村社区为辅。为此,相对于城市社区而言,农村社区具有较强的历史关联性和内聚力。

(三)农村社区的基本功能

农村社区是经济社会发展到一定程度的产物,是农村现代化水平的综合反映,是推进新农村建设的基本支点和重要突破口。农村社区的基本功能就是指在新农村建设过程中,社区工作在不断满足农民社会需求的进程中所发挥的作用。它所反映的是农村社区对社区内各项事业和居民生活的服务能力,目的就是实施城乡统筹方针,使政府公共资源向农村倾斜,城市公共设施向农村延伸,城市公共服务向农村覆盖,让农村居民和城市居民一样,享受及时、便捷、优质、高效的公共服务。近年来,随着农村社区建设工作的不断推进,我国不少地区已经在促进农村经济发展,提高农民社会保障水平,提高农村公共品的提供质量及扩大基本公共服务覆盖面等方面取得了显著的成果。所以,为更快地实现新农村建设目标，我们要继续推进农村社区建设工作，发挥好农村社区的5项基本功能。

1. 政治功能 农村社区发挥着贯彻执行党和政府的方针政策、维护社区居民的合法权益、建立和发展各类社区组织、推进村民自治和基层民主法制建设等作用。所以，农村社区应该在社区党组织的领导下，积极探索新时期村民自治办法，扩大农民知情权，保障农民在重大事项中的决策权，落实“一事一议”制度和村务公开制度，构建更加完善的农村社区民主自治体系，引导社区居民逐步实现自我管理、自我教育、自我服务和自我监督，从而进一步巩固农村基层政权，加强社会主义民主政治建设。

2. 经济功能 农村社区发挥着组织、协调、管理生产经营活动，提供产前、产中、产后服务等作用。农村社区无论是要拓宽社区居民增收渠道，还是要搞好各项社会事业，或者是为社区居民提供必要的经济资助，都依赖于社区经济实力的增强和社区物质财富的积累。为此，农村社区要在社区党组织的领导下充分发挥其经济功能的优越性，为新农村建设创造公平有序的经济环境，吸引更多的投资者发展第二、第三产业，进而带动整个社区经济的繁荣发展。

3. 文化功能 农村社区担负着发展教育事业、组织开展文化娱乐和体育活动、提高社区居民整体素质的重要责任。充分发挥农村社区文化功能的优越性，一方面，要根据社区居民文化构成或所处的地域特色，创建培训辅导场所、书法绘画场所、戏曲娱乐场所、体育锻炼场所等，综合开发和合理利用社区文化资源，搞好社区文化基础设施建设；另一方面，采取社区居民喜闻乐见的形式加强思想道德教育和科学文化教育，大力倡导社会公德、职业道德和家庭美德，提高社区精神文明程度，大力推进农村社区的精神文明建设。同时鼓励社区居民积极组织健康向上、生动活泼、丰富多彩的群众文化活动，这不仅可以陶冶社区居民的道德情操，而且能够改善社区居民文化生活条件，营造蓬勃奋发、干事创业的良好发展氛围，对于加快推进社会主义新农村建设意义重大。

4. 服务功能　农村社区的服务功能主要体现在为社区居民的生产生活提供所需要的服务和资源，包括劳动就业服务、医疗卫生服务、农业生产服务、咨询服务等。社区服务功能的强弱直接决定着社区居民生活质量的高低和社区建设的优劣。由于当前我国农村社区服务还处于起步阶段，所以只有老人生活服务、家政服务和便民利民服务等专业性不强的服务项目形成了一定的规模和影响。同时，服务缺乏标准、收费不规范、服务水平低也是农村社区服务普遍存在的问题。为了尽快改变这种落后现状，农村社区要以拓展社区服务为龙头，增加服务项目，完善服务功能，进而实现社区服务规范化、专业化、网络化和产业化，促使其在新农村建设进程中的优越性得到充分发挥。

5. 社会建设功能　农村社区承载着为社区居民提供社会保障、社会救助、社会治安、建设生态家园的重要任务。充分发挥农村社区的社会建设功能应从以下3个方面入手。首先，大力支持鼓励社会资金投入发展农村社区的社会保障和福利事业，协助政府承担社会保障的具体事务。同时组织留守在家的青年妇女、在校学生为农村老年人、残疾人、五保户、优抚对象、贫困户提供力所能及的救助服务。组织党员干部、科技示范户开展“一对一”帮扶，帮助有一定劳动能力的困难农民发展生产，增加收入，提高生活水平。其次，建立农村社区治安综合治理网络，健全完善社区治安防范体系，开展群防群治工作，切实维护社区的安全稳定。最后，加强宣传教育，充分调动社区居民参与农村基础设施建设与维护以及环境卫生保护的积极性，齐心协力建设生态家园，美化村容村貌。

二、农村社区服务的起源与发展

自1986年民政部倡导在城市基层开展以民政对象为服务主体的社区服务之后，社区建设与社区服务工作在全国迅速铺开。试点工作的成果为我国城市社区建设以及社区服务工作的开展积累了丰富的经验，也为我国农村社区建设以及社区服务工作的开展提供了宝贵的经验借鉴。中共中央开始积极探索开展农村社区服务工作的路子，制定了一系列的制度与相关的政策来支持农村社区服务工作的开展，为农村社区服务体系的建设提供了外部环境支持。

2003年10月，中共中央十六届三中全会《关于完善社会主义市场经济体制若干问题的决定》提出加强“农村社区服务”、“农村社区保障”、“城乡自我管理、自我服务”的要求。

2005年，中共中央十六届五中全会确定了“建设社会主义新农村”的重大历史任务。同时，“十一五”规划建设也指出要加强农村党组织与基层政权建设，健全村民组织领导的村民自治机制，为农村社区服务体系建设提供了组织保障。

2006年7月，民政部开始开展农村社区建设试点工作，下发了《关于做好农村社区建设试点工作推进社会主义新农村建设的通知》(民函[2006]288号)，对试点工作进行了部署。2006年10月，党的十六届六中全会讨论通过的《关于构建社会主义和谐社会若干重要问题的决定》首次完整地提出了“农村社区建设”的概念。2006年11月，第十二次全国民政会议进一步强调要着力建设城市和农村社区“两个平台”，“整合社区资源，推进农村志愿服务活动，逐步建立与社会主义市场经济体制相适应的农村基层管理体制、运行机制和服务体系，全面提升农村社区功能，努力建设富裕、文明、民主、和谐的新型农村社区”。

2007年，《国务院关于加快发展服务业的若干意见》提出“大力发展面向农村的服务业”的要求。同时,民政部在全国范围内启动农村社区建设实验工作,确定了 304 个国家级实验县(市、区),各地确定了不同层次的试验单位,标志着社区建设和社区服务正式进入农村。

2008 年,中央 1 号文件提出“着力强化农业科技和服务体系基本支撑”、“逐步提高农村基本公共服务水平”以及“扎实推进农村基层组织建设”等的意见,推进了农村社区服务工作的开展。

2009 年 10 月,民政部副部长姜力在宁夏回族自治区银川市召开的全国农村社区建设实验工作推进会上表示,中国将构建新型农村社区管理和服务体制。

2010 年中央 1 号文件提出,要进一步“健全强农惠农政策体系,推动资源要素向农村配置”,要继续“开展农村社区建设创建活动,加强服务设施建设,培育发展社区服务性、公益性、互助性社会组织。强化乡镇政府社会管理和公共服务功能,建立综合服务平台,有条件的乡镇要设立便民服务中心,村设立代办点,为农民提供一站式服务”。农村社区服务进入快速建设和发展时期。

三、农村社区服务的涵义及特征

(一)农村社区服务的涵义

社区服务是我国改革开放以来探索的一条贴近基层、服务居民的社会化服务新路子。农村社区服务对促进农村经济转型和发展、维护农村社会和谐稳定有重要作用,主要表现在:第一,加强和改进农村社区服务工作可以使社区居民拥有更多的公共服务、社会福利和闲暇时间,让人们从沉重的家务劳动中解放出来,提高人们的生活质量;第二,加强和改进农村社区服务工作可以使人们更集中精力从事生产劳动和其他社会活动,创造出更多社会财富;第三,加强和改进农村社区服务工作能够大大激发社区居民对农村社区服务工作的参与热情,有助于社区培养高尚的社会道德与社会风气；第四，加强和改进农村社区服务工作有利于强化社区居民的主体意识、协作意识、法纪意识和文化意识，有利于提高社区的整体素质；第五，加强和改进农村社区服务工作有利于推进社区物质文明与精神文明的建设进程；第六，加强和改进农村社区服务工作有利于扩大就业、解决社会问题、化解社会矛盾、促进社会和谐。

随着我国经济成分、生活方式、社会组织形式的日益多样化，农村社区居民的物质、文化、生活需求也呈现出多样化、多层次的趋势，经济社会的发展和社区居民日趋多样化、多层次化的公共品需求给社区服务提出了新的更高的要求。加强和改进农村社区服务工作，首先需要对农村社区服务的内涵有一个清晰的认知：所谓的农村社区服务是指农村社区在地方政府的指导和扶持下，充分利用和开发社区内部资源，发动和组织社区内居民和组织为社区居民提供满足农业生产、农村发展、社会管理和农民生活共同需要的，为社区居民公众利益服务的事务。

(二)农村社区服务的特征

农村社区服务不仅有别于其他服务，而且有别于其他国家和地区的社区服务，具有若干重要特征。其一，农村社区服务不只是一些社会自发性和志愿性的服务活动，而是有指导、有组织、有系统的服务体系；其二，农村社区服务不是一般的社会服务产业，而是具有地域性、社会性、服务性的多元化服务产业[①]，与经营性的社会服务不同；其三，农村社区服务是以社区全体居民的参与为

① 地域性，指社区服务的投入主体与受体必须分布在某一特定的区域范围之内，以特定的社区为载体，从本社区的实际出发，因地制宜地为本社区内居民提供相应的服务。社会性，指由于社区内部具有情感等取向，社区服务业不能一味地追求经济利益的最大化。服务性，指社区服务业的宗旨就是为社区居民更好地生活和全面发展服务，它是为发展社区建设兴办的。因此，并非在社区内的一切服务业都属于社区服务业的范畴，这是社区服务业区别于其他服务业的一个重要特征。

基础，以自助与互助相结合的社会公益活动，而不是仅由少数人参与的为其他人提供服务的社会活动。

四、农村社区服务体系的结构及功能

（一）农村社区服务体系的结构

从政府公共管理实践的角度来讲，农村社区服务体系是指农村社区在地方政府的引导和支持下，以社区内全体成员为服务对象，以农村社区设施为基础，以社区组织为基本力量，以满足社区居民生产、生活所必需的基本公共服务、互助服务和市场服务为目标的服务体系及运行机制。笔者认为，农村社区服务体系的结构由农村社区服务基础设施体系、农村社区服务组织体系、农村社区服务网络体系3个子体系构成。

1. 农村社区服务基础设施体系 农村社区服务基础设施体系，由基本农田水利设施、交通设施、电力设施、信息服务设施、教育科技设施、医疗保健设施、环境卫生设施、文化教育设施、社会保障设施等物质设施及相应的配套设施等构成①。它是一种用于保障农村社会经济活动正常进行的公共服务系统，是农村社区服务得以展开的平台和载体，是为农村社会生产和农村社区居民生活提供公共品的物质工程设施，为农村社区服务工作的开展提供物质基础，是农村社区服务体系建设中的物质基础建设。没有这一客观物质基础的支持，农村社区服务工作的开展将无从谈起，所以说农村社区服务基础设施体系的建设和完善是农村社区服务体系建设的前提和保障。

2. 农村社区服务组织体系 农村社区服务组织体系所包含的社会组织相当庞杂，各级政府组织、社会团体、公司企业、宗教组

① 引自詹成付和王景新的著作《中国农村社区服务体系建设研究》，中国社会科学出版社2008年11月第1版，第86页

织、行业协会、各类民间组织以及农村社区内部的各类正式与非正式的组织等都属于农村社区服务组织体系的社会组织。而本书所谈论的农村社区服务组织体系专指由农村社区内部的正式与非正式组织所构成的公共服务系统，包括农村基层党组织、村民自治组织、社区合作经济组织*、社区文化生活组织*以及社区内存在的其他组织*。它是农村社区服务体系的组织基础和中枢核心，直接决定着农村社区服务的供给能力、水平和质量，而且还会在一定程度上影响农村社区服务基础设施体系的建设，是农村社区服务体系建设的核心任务。

【知识链接】

* 社区合作经济组织，包括专业性合作社等社区正式合作经济组织和生产、营销互助等临时性的合作经济组织。

* 社区文化生活组织，主要是指为农村社区居民提供文化体育活动服务的各类民间互助性组织，如文化娱乐团队、老年协会、红白理事会、宗教组织等。

* 社区内存在的其他组织，指除农村基层党组织、村民自治组织、社区合作经济组织、社区文化生活组织之外的其他能够为农村社区居民提供各类服务的农村社区内部组织，如家庭组织、志愿者协会等。

3. 农村社区服务网络体系 农村社区服务网络体系由农村社区公共服务网络体系、农村社区互助服务网络体系和农村社区市场化服务网络体系3个子体系构成。其中，农村社区公共服务网络体系向农村社区居民提供的社区服务包括基础教育服务、科技信息服务、社会治安服务、医疗保健服务、环境卫生服务、文化体育服务以及社会保障服务等。农村社区互助服务网络体系向农村社区居民提供的社区服务包括生产互助服务、紧急求助服务、生活互助服务、婚丧互助服务以及文体互助服务等。农村社区市场化（商业）服务网络体系向农村社区居民提供的社区服务包括生产资料供给服务、产品销售服务、生活资料供销服务、教育培训服务、农村金融服务以及农村物流服务等。在现实生活中，为了减少投资成本，提高农村社区服务的供给效率，可能一个子体系既有公共服务供给的职能，也同时提供互助服务和市场化服务，通常是以一个服务职能为主，兼有其他服务职能。农村社区服务网络体系的核心职能是向农村社区居民直接提供各种社区服务，除此之外，它还承担着不同层级服务组织的服务向下传递的职能和农村社区居民服务需求的向上反馈职能。为此，农村社区服务网络体系是社区服务供给层次、质量以及服务覆盖程度的重要决定性因素之一。建立布局合理、层次清晰、分工协作、覆盖全部农村社区居民的农村社区服务网络体系，是农村社区服务体系建设的主要任务之一。

（二）农村社区服务体系的功能

目前，我国的农村社区服务体系建设仍处于起步阶段，其系统内部的自我调节、自我发展的自组织功能尚不具备。为此，本书所讨论的农村社区服务体系功能不包括农村社区服务体系的自组织功能。根据当前我国农村社区服务的建设状况以及所提供农村社区服务的不同性质，本书将农村社区服务体系的基本功能界定为公共服务供给、互助服务供给以及市场化服务供给三大功能。

1. 公共服务供给功能　公共服务是满足人类生存和发展基本需求的服务。党的十七大强调指出，要“注重实现基本公共服务均等化”。这就要求农村社区居民在生产生活基础设施、文化教育、医疗卫生、社会保障、生态环境、社会治安等基本公共服务中享有与城市居民同等的权利，且在向农村提供公共服务的过程中要充分尊重农村社区居民的自由选择权。由此可见，农村社区服务体系的公共服务供给功能是农村社区服务体系三大功能当中最重要的功能。为此，根据基本公共服务均等化的理念和目标追求，本书认为农村社区服务体系的公共服务供给功能主要是指向农村社区提供村民自治与社区管理服务*，交通、电力、农田水利、信息服务*，基本医疗卫生服务，文化活动与治安服务以及基本社会保障服务*。

【知识链接】

* 村民自治与社区管理服务，主要包括加强农村基层民主建设和法制建设，加强农村社区组织之间的协调与合作，培育社区服务新生力量以推动农村社区居民实现自我管理、自我教育和自我服务。

* 交通、电力、农田水利、信息服务，主要包括为农村社区居民提供交通、电力、农田水利、信息等基础设施以及对这些基础设施的维护保养等。

* 基本社会保障服务，主要包括对农村社区居民的就业指导和技能培训、社会救济、社会保险、社会福利、优抚安置等。

2. 互助服务供给功能　相对于公共服务而言，农村社区互助服务的服务范围小、服务方式灵活、服务时间短且不确定，并且能够深入到家庭内部，具有快速提供农村社区服务的优势，是对农村社区公共服务功能的必要补充。农村社区互助服务体系主要是在生产季节和突发性或临时性的生产生活事件（如婚丧嫁娶、自然灾害等）发生时产生作用，且对社区内居民参与与否的行为没有刚性约束。为此，健全农村社区互助服务体系，强化其互助服务供给功能，是完善和充分发挥农村社区服务体系功能的重要途径。农村社区服务体系的互助服务供给功能主要是指向社区内居民提供生产互助服务*、生活互助服务*、应急事件互助服务*。

【知识链接】

* 生产互助服务，指与农村社区居民生产互助活动相关的设施设备的供给以及具体的生产互助服务，如农用物资与农产品

购销的相互协作等。

* 生活互助服务，指与农村社区居民生活互助活动相关的设施设备供给以及具体的生活互助服务，如日常生活中的邻里关照等。

* 应急事件互助服务，指与农村社区居民应急事件互助活动相关的设施设备供给以及具体的各种应急事件互助服务，如婚丧嫁娶、偶然灾祸等紧急事件发生之后农村社区居民彼此之间在物质及精神上的互帮互助等。

3. 市场化服务供给功能

伴随着经济体制改革的进一步深化，农村经济形成了村集体经济、农户经济以及新经济体三足鼎立之势，农村社区居民人均收入水平以及生活质量得到了一定程度的提高，但仍然是市场弱势群体。农村社区服务体系的市场化服务供给功能能够推动农村市场主体的转型，能够进一步增加农村社区居民的人均收入，提高其生活质量。为此，农村社区服务体系的市场化服务供给功能是农村社区服务体系的一项重要功能。农村社区市场化服务供给功能主要是指向农村社区居民提供产品供销服务、科技服务、信息服务以及金融服务。其中，产品的供销服务主要包括对产品供销服务设施、农机、生产性基础设施等的供给和维护保养、对农业产业化的扶持以及对重大病虫害的统防统治等。科技服务主要包括对科技服务设施的供给和维护保养、对农业科技服务与农业技术以及家庭手工业与农村工业技术的推广。信息服务主要包括对信息服务设施的供给和维护保养，对产品、劳动力需求以及新科技等信息的收集、整理与供给等。金融服务主要是向农村社区居民及组织提供所需的金融产品，如保险服务、融资服务等。

第三节 农村公共品投入与社区服务的地位和作用

一、农村公共品投入是新农村建设的逻辑起点

长期以来我国对于工业和农业、城市和农村、城镇居民和农民实施“双轨制”，长期的城乡二元结构导致农村公共品投入严重不足。仅从城镇居民和农民对比而言，同为中国公民，同样在不同领域为国家经济、社会、文化发展贡献力量，但享受到的福利待遇却截然不同，国家对城市公共品的投入远远大于对农村的投入。

十六大以来，政府先后重点强调城乡二元结构矛盾、“城乡统筹发展思路”，并在十六届四中全会提出“两个趋势”的科学论断，以此作为解决“三农问题”的指导思想。党的十六届五中全会明确提出了社会主义新农村建设的基本目标，即生产发展、生活富裕、乡风文明、村容整洁、管理民主。新农村建设是包含了经济建设、政治建设、文化建设、社会建设和党的建设在内的综合发展，既包含农村的经济基础，也包含农村的上层建筑，既包含农村生产力的发展，也包含农村生产关系的调整，涵盖了农村工作的各个方面。

在新农村建设背景下，给予“农村、农业、农民”与城市发展同等的待遇，加大对农村公共品的投入，提高农村公共品的供给效率，增加农民收入，缩小城乡差距，促进城乡协调发展将是新农村建设的逻辑起点。

（一）有利于促进农业生产发展

从生产发展的角度看，农业的生产发展，必须依赖于良好的基础设施和先进的科学技术以及不断更新的信息服务。长期以来，在公共品供给上的以农补工政策使我国农业的基础设施供给严重

不足。同时我国农村地域广阔,农民居住不集中,也使得公共品供给效率低下。主要表现为:农业水利设施年久老化失修、抗灾害能力大大下降、农业机械化程度低、农村交通不便等。从农村交通设施投入不足来看,它一方面使得农村信息闭塞,生产、销售成本增加,另一方面农民不能根据市场需求来及时地调整产业结构,造成某些农产品供过于求,而某些农产品供应短缺又不能满足市场的大量需求。因此只有加大对农村基础设施的建设,加强农村公共品的投入,有效提高农村公共品供给效率,才能促进新农村建设中生产发展目标的实现。

(二)有利于增加农民收入

从生活富裕角度来讲,新农村建设是让农民的财富增加,过上相对宽裕的生活,为农民提供良好的社会保障。近几年来,我国农民收入增长较缓,一个重要的原因就是与农民生产生活息息相关的交通、电力、供水等基础设施建设落后,不能满足农村生产和经营的需要,制约农村经济结构调整和农村经济发展。加大农村基础设施的投资力度,从根本上改善农村生产和经营条件,才能最终实现农民增收。

当然,农民过上宽裕的生活离不开完善的社会保障,但是我国农村医疗保障、农民养老保险等制度长期处于失位状态,虽然新型农村合作医疗制度给农民带来了一些实惠,但还没有从根本上改变农民看病贵,看病难的现象。要实现生活富裕的目标,建立健全农村的社会保障体制是重点。

(三)有利于形成良好的社会风气

乡风文明是建设社会主义新农村的思想基础,也是建设社会主义新农村精神文明的要求。乡风文明主要是指农民群众的思想、文化、道德水平不断提高,形成崇尚文明、崇尚科学和健康向上的社会风气。提高教育水平,尤其是加强对农民的基础教育,对于提高农民素质,建设乡风文明的新农村有重要作用。然而,由于农民的基础教育并未落到实处，教学设施不全，师资力量差，使得我国农民的文化素质普遍较低。截止到2010年，农村劳动力中小学文化程度和文盲半文盲占30.17%，初中文化程度占52.44%，高中以上文化程度仅占17.39%，我国农民平均教育年限也仅达到8年①。

农村普遍缺乏图书馆、电影院等文化娱乐设施，农民精神上需要满足，但是他们却找不到可消费的文化产品。他们就像是处于文化荒漠中的骆驼，知道自己想要什么，但苦于无处可寻。农村文化的缺失使得一些不健康的恶俗活动乘虚而入，这不仅不利于农民的身心健康，甚至会引发一系列的社会问题。这些问题都将制约新农村的建设。因此，只有加大教育的投入，真正把农村的基础教育落到实处，加大对农村文化娱乐设施的建设和投入，丰富农民的精神文化生活，才能营造积极向上的农村文化氛围，从而达到乡风文明的新农村建设目标。

(四)有利于改善村容村貌

实现新农村建设村容整洁的目标，是一项民心工程，是建设生态文明的工程。村容整洁不仅仅指改善农村的生活环境，还应该包括优化农村生态环境。由于我国大部分农村村落呈现星状散落分布，基础设施等公共品的投入成本较高，大部分农村生活环境建设投入不足，环境卫生状况令人担忧。如部分农村的垃圾处理依然处于原始状态。一些村子畜禽粪便随处可见，生活垃圾随意抛扔，塑料袋、废纸片满街都是。特别是农村生活污水大都直排街道，每当下雨，便污水横流。

从生态环境的角度分析，一方面，一些地区为了追逐经济利益，在农村开办工厂，如造纸厂、皮革厂、电镀厂等，给农村带来经济利益的同时也严重污染了农村环境；另一方面，随着农业生产的

① 数据来源于《中国农村统计年鉴2011》，中国统计出版社。

快速发展，农药、化肥在农业生产中广泛应用，也使得农村环境污染问题日益严重。因此，政府必须加强对农村建设的整体规划，加大对农村基本生活保障类公共品如道路、交通、电力、饮用水的投入，同时不放松对农村生态环境的整治，这样才能真正实现新农村建设中村容整洁的目标。

(五)有利于实现管理民主

管理民主，是建设社会主义新农村的要求之一，是农村政治文明建设的根本目标。管理民主不仅是新农村的治理手段，而且是新农村建设的重要目的，其实现途径就是村民自治，通过民主选举、民主决策、民主管理、民主监督，使农村的管理按农民意愿办事，照规章制度办事。而在现实生活中由于公共品的供给决策是由上级政府做出，层层下达到基层组织的，即农村公共品供给范围、数量多少，都是由政府决定。这种“自上而下”的供给使得民主管理与民主决策方面缺乏公众参与，农民无法真实地表露其偏好。为此政府必须加快以“村民自治”为代表的公共管理政策的民主化进程，将“自上而下”的供给方式逐步转变为“自下而上”，为新农村管理民主目标的实现而努力。

二、农村社区服务是推进新农村建设的有效途径

建设社会主义新农村是中央的重大战略部署，是贯彻落实科学发展观的重要体现。它不仅能够实现农村经济和社会的协调发展，还能全面提高农村的福利水平和文明程度，为维护农村社会的稳定和经济的可持续发展奠定坚实的基础。

近几年，党中央、国务院在以科学发展观统领经济社会发展全局，按照统筹城乡发展的要求，采取了一系列支农惠农重大政策的基础之上，进一步提出，必须抓住机遇，按照“生产发展、生活宽裕、乡风文明、村容整洁、管理民主”的要求，加快改变农村经济社会发展滞后的局面，扎实推进社会主义新农村建设。毫无疑问，在此背

景之下，强化农村公共服务供给机制，切实保障和改善民生成为亟待解决的重要问题。但是，传统的公共服务供给方式已经不能满足农村的需求，不再适应现代化农村经济的发展方式。而以社区为载体的农村公共服务供给机制不仅能够加快发展农村社会事业、扩大公共服务范围，而且还能够促进城乡基本公共服务均等化，改善农民生产生活条件，弥补新农村建设过程中的“短腿”，成为农村经济社会发展的内在需求、推进新农村建设的有效途径。

(一)有利于县域内实现公共服务均等化

党的十七大报告指出，“缩小区域发展差距，必须注重实现基本公共服务均等化”，党的十七届五中全会又一次将“逐步完善符合国情、比较完整、覆盖城乡、可持续的基本公共服务体系，提高政府保障能力，推进基本公共服务均等化”纳入“十二五”的工作日程当中。“十二五”时期是我国全面建设小康社会的关键时期，人民群众对衣食住行、就业、教育、医疗卫生、环境等方面的质量要求会更高，多样化、多层次的公共服务需求将全面快速增长。尽管伴随着我国行政管理体制和机构的进一步深化改革，我国的基本公共服务范围不断扩大，公共服务水平和质量也有了明显提高，但是仍存在着比较突出的地区差距和城乡差距。

在一个县域之内，由于农村经济条件千差万别，部分农村位置偏远，并且长期以来，有限的政府公共服务资源大多集中在城区和乡镇(街道)驻地，服务半径过大致使基本公共服务分配不均衡，一些事关农民切身利益的生产生活问题得不到及时有效的解决。而建立以社区为载体的农村公共服务供给机制，强化农村社会“集聚式”社区化建设，能够为政府公共服务向农村、向基层延伸搭建起高效平台，从而实现对有限政府公共服务资源的合理配置，进而打破公共服务供给方面的“城乡二元结构”，促使政府公共服务普惠广大农民群众，加快实现基本公共服务均等化，为社会建设在农村落到实处奠定良好基础。

(二)有利于推进城乡经济社会一体化的进程

伴随着农村社会主义市场经济体制的不断完善,农民对政府管理职能的需求不断变小,而对政府公共服务的需求却与日俱增。尤其是医疗卫生、社会治安、社会保障、文化教育、灾害应急等方面的公共服务,因与日常生产生活息息相关而更加受到农民的关注。农村社区能够更全面、更高效地向广大农民群众提供各种公共服务,更好地满足他们的各种公共服务需求,使农民真正与城市居民享受同样的公共服务。同时,农村社区服务将会促使公共服务资源向中心村集中,基础设施建设向中心村倾斜,有利于加快中心村的建设,缩小城乡差距,进而逐步构筑城乡一体化[①]发展的新格局,推进城乡经济社会一体化的进程。

(三)有利于推进农村城镇化进程

农村城镇化是指各种要素不断在农村城镇中集聚,农村城镇人口不断增多,城镇数量、规模不断增大,质量不断提高的过程。它是以工业为主体的非农产业集聚发展的必然结果,是农村社会演进并通往现代化的一个重要过程,是传统农村向现代城市文明的一种变迁,是统筹城乡发展、全面建设小康社会的重要内容[②]。这些年来,伴随着新农村建设的深入推进,我国农村政治、经济、文化以及社会建设等都实现了跨越式发展,为农村城镇化发展提供了机遇。社区服务以公共服务社区化为切入点,着力解决广大农

① 城乡一体化,是以城市为中心、小城镇为纽带、乡村为基础,城乡依托、互利互惠、相互促进、协调发展、共同繁荣的新型城乡关系,是我国现代化和城市化发展的一个新阶段。城乡一体化就是要把工业与农业、城市与乡村、城镇居民与农村居民作为一个整体,统筹谋划、综合研究,通过体制改革和政策调整,促进城乡在规划建设、产业发展、市场信息、政策措施、生态环境保护、社会事业发展的一体化,改变长期形成的城乡二元经济结构,实现城乡在政策上的平等、产业发展上的互补、国民待遇上的一致,让农民享受到与城镇居民同样的文明和实惠,使整个城乡经济社会全面、协调、可持续发展

② 引自百度百科,http://baike.baidu.com/view/3583900.htm。

民群众最关心、最直接、最现实的利益问题，带动了基础设施建设向农村延伸、基本公共服务向农村覆盖、科学技术向农村扩散以及现代文明向农村的辐射，顺应了服务“三农”、以城带乡、以工促农、城乡互动的统筹城乡发展方向，为我国农村的城镇化进程注入了活力。

(四)有利于加强农村精神文明建设

在党的十六届五中全会上，中共中央提出了关于建设社会主义新农村的二十字方针：生产发展，生活宽裕，乡风文明，村容整洁，管理民主。这既是中央对新农村建设的要求，也是其总体目标。乡风文明是新农村建设的一个重要目标。但屡禁不止的封建迷信思想和不健康的文化娱乐活动阻碍了乡风文明的建设进程，不利于农村社会的稳定和发展。而推行农村社区服务，贯彻“以群众为主体，以社区为载体，以文化为媒体”的工作原则，开展广大农民群众喜闻乐见、丰富多彩的社区文化活动，能够更好地弘扬社会主义道德规范，倡导健康文明的生活方式，进而有效引导和帮助广大农民群众提高自身思想道德和文化素质，推动农村精神文明建设进程。

(五)有利于改进和强化党的基层民主政治建设

新农村建设的新背景、新形势迫切要求基层党组织及时调整自己的工作思路、方法以及模式，实现由传统领导管理方式向现代化优质服务的转变，以领导好、组织好和服务好新农村的改革与建设。开展社区服务，建设农村社区以及社区服务体系，推行公共服务的社区化供给，是“立党为公，执政为民”理念的忠实践行，也是党在农村的领导体制、执政方式、组织方式、活动方式和思维方式的改革创新。它不仅能够理顺农村社区正式组织和民间自治组织之间的关系，创新社区管理与服务的体制与机制，而且还能够为广大农民群众参与社区管理、自治建设与服务搭建平台，从而进一步深化党的基层民主政治建设。

三、农村公共服务社区化是保障农村公共品供给的必然选择

当前,我国农村公共品供给面临着制度、体制和机制3个层面的困境(详见第二章第四节),造成了农村公共品的供给结构失衡、数量不足、质量不高。农村公共服务社区化能够使农村的公共服务、互助服务、市场化服务等通过社区这一平台来提供;农民的素质通过社区这一平台来培训和提高;千百年来的农村文化生活通过社区这一平台实现嬗变,转向社区文化、社区文明,进而创造农民城市化生活的新港湾,创造农民精神归宿的新家园。它本着一定的原则,如地域相近、规模适度、便于服务等,将一定数量的自然村庄规划为一个社区,然后由这个社区对其所辖区域农民群众对于各种公共品的需求进行准确判断之后,有针对性地为社区所辖区域的农民群众提供公共品。它是对政府包揽公共品的摒弃,有助于汇聚多元化投入主体的合力,满足农民对公共品的多元化需求,是解决农村公共品供给不足及效率低下的必然选择。

(一)公共服务社区化有利于提高农村公共品的配置效率

农村的社区化建设使得每一个社区所指向的农村数量有限,并且位置相对集中。因此,社区完全有能力、精力和时间深入基层,贴近群众了解农民群众的愿望,高效、准确地收集农民群众对公共品需求的层次、种类和数量,从而有针对性地提供公共品。这不仅可以保证所提供公共品的质量,而且还能够避免因提供不需要的公共品所造成的资源浪费,优化配置公共品资源,大大提高农村公共品的配置效率。

(二)公共服务社区化有利于形成公共品多元化投入机制

提供农村公共品所需经费数量很大。因此,在政府公共财政有限且分配格局复杂的情况下,农村公共品的供给由政府完全承担是不可能的。当然,完全让农民群众分摊也是不公平和难以奏

效的。公共服务社区化为各种力量参与对农村公共品的供给提供平台和机会，便于政府的、市场的、社会的各种组织或个体力量在平等的基础上建立合作、协商和伙伴关系，有利于公共品多元化投入机制的形成，从而更好地满足广大农民群众对基本公共品的需求。

（三）公共服务社区化有利于构建农村公共品需求表达的组织渠道

公共政策过程学派的理论启示我们，农民对公共品的偏好表达越充分，公共品的供给与需求之间的匹配度就越理想，农村公共品的供给效率也就越高。为此，应当构建利于农民对公共品需求表达的有效组织渠道。在农村公共服务社区化的实践过程中，社区化建设的领导骨干力量会以社区为载体，加大力度引导农民群众建立各种生活服务型的社会组织，如歌唱戏曲协会、舞蹈队等，鼓励农民成立生产发展型服务组织，如种植协会、水果协会等。而这些形式各异的农村专业合作社和其他民间组织可以有效地维护农民群众的正当权益，为农民群众对基本公共品的需求与偏好提供了有效的组织渠道，能够适应农民群众对农村公共品个性化、差异化、多样化的客观需求。

第二章　农村公共品投入的基本状况

目前，我国农村公共品的投入取得很大进步，农业财政支出不断增加，但是由于长期以农补工的政策，国家对农村、农业、农民的扶持力度依然不够，现有农村发展水平离社会主义新农村的要求还有一定的差距。总体而言，我国农村公共品的投入总量不足，不能与农民的需求相适应，农村公共品的投入存在着结构失衡、地域差异等问题，农民对公共品的数量、质量、结构满意度低。本章对农村公共品的供给现状进行评价，并分析农村公共品供求失衡的影响因素。

第一节　农村公共品投入的总量

近年来，由于中央财政对农村资金大量投入，我国农村公共品的投入状况得到很大的改善。然而，政府财政对农业支出的规模及比重依然较小，农村公共品的投入总量不足，满足不了农民日益增长的需要，农民满意度偏低。

一、政府财政对农业支出的规模及比重

随着农村社会经济的发展、市场化程度的提高，农民对公共品需求日益扩大。但政府财力的约束及一直以来以农补工的政策，使政府对农业、农村、农民的财政支出十分薄弱，以至于对农村公共品的供给严重滞后。改革开放至今，国家财政用于农业的规模及比重见表 2-1 和图 2-1。

表 2-1 国家财政用于农业支出及比重(1978—2009 年) 单位:亿元、%

年 份	财政总支出	财政农业支出	农业支出占财政总支出比重
1978	1122.09	150.7	13.43
1980	1228.83	145.0	12.20
1985	2004.25	153.6	7.66
1989	2823.78	265.9	9.42
1990	3083.59	307.8	9.98
1991	3386.62	347.6	10.26
1992	3742.20	376.0	10.05
1993	4642.30	440.5	9.49
1994	5792.62	533.0	9.20
1995	6823.72	574.9	8.43
1996	7937.55	700.4	8.82
1997	9233.56	766.4	8.30
1998	10798.18	1154.8	10.69
1999	13187.67	1085.8	8.23
2000	15886.50	1231.5	7.75
2001	18902.58	1456.7	7.71
2002	22053.15	1580.8	7.17
2003	24649.95	1754.5	7.12
2004	28486.89	2337.6	9.67
2005	33930.28	2450.31	7.22
2006	40422.73	3173.0	7.85
2007	49781.35	4318.3	8.73
2008	62592.66	5955.5	9.51
2009	76299.93	7253.1	9.51

资料来源:《中国农村统计年鉴 2010》,中国统计出版社

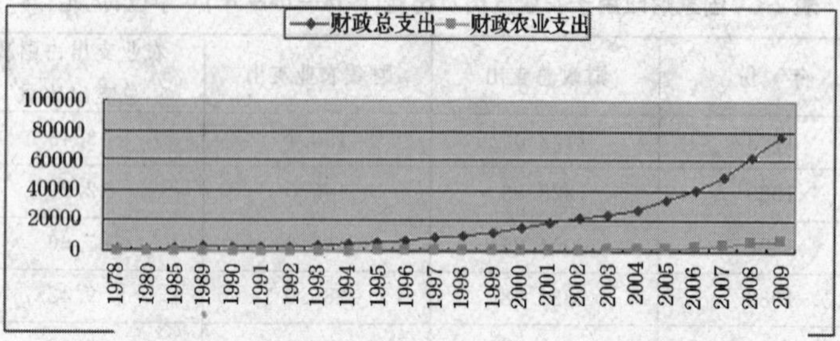

图 2-1　国家财政总支出与农业支出(1978—2009 年)

从国家对农业财政支出的规模来看,在 1978—2009 年中,除 1980 年和 1999 年略有下降外,国家财政用于农业支出的数额不断增加。到 2009 年农业支出总计达 7 253.1 亿元。但相对国家财政总支出而言,财政农业支出年均增长速度远低于财政总支出的增长速度。同时,尽管农业支出的绝对数额是递增的,但用于农业的财政支出占财政总支出的比重平均在 10%左右,而且呈现出相对下降的趋势。从 1998—2003 年,用于农业的财政支出占财政总支出的比重呈下降的趋势,2003 年 7.1%降到了改革开放以来的最低点。近几年财政农业支出占财政总支出的比重不断增加,但都没有达到 10%,2008 年、2009 年的比重保持在 9.5%。如果将农业支出中的水利气象等事业费支出剔除,农村投入占财政支出的比重将更小。相对于农村公共品日益增长的需求而言,存在着巨大的供需缺口。

从 1978—2009 年的 30 多年里,我国财政累计向农业投放资金约 35 200 亿元,占国家财政总支出的近 9%。并且从绝对数额上看,我国财政对农业的支出在过去的 30 多年里也有了较大幅度的增长,已经由 1978 年的 150.7 亿元增加到 2009 年的 7 253.1 亿元,增长了 48.14 倍。用于支援农业生产、农业基本建设、农业科技三项和农村救助的各项费用在整个的财政支农资金中的比重都在逐年上升。从 2004 年开始，我国全国的财政支农投资规模每年都在 2 000 亿元以上。近年来，国家财政用于农业支出的比重在 8%～9%。

国家财政用于农业的资金总量呈现不断上升的趋势，但是相对量仍然不足。整体来看，我国地方财政支农支出占财政总支出的比重逐渐下降。改革开放初期，我国财政农业支出占财政总支出的比重一般都达到 10%以上。1978 年这一比重为 13%，达到了支农支出比重的最高水平。而从 20 世纪 90 年代中后期，我国财政支农支出占财政总支出的平均比重明显下降，这些数据显示出我国地方财政对农业的支出逐渐减弱。农业是国民经济的基础，农业本身具有特殊性，即天然弱质性，也正是因为这样每个国家对农业都非常重视，对农业的财政投入的力度也很大。一些发达国家的农业发展水平都比较高，农业生产技术水平和效益也很高，但仍然把加大对农业的投入或补贴作为一项非常重要的财政支出政策。相反地，我国农业生产力落后，农业技术水平和效益差，抵抗自然灾害的能力较低，但是对农业的财政投入力度并非很大，这严重制约了农村、农业、农民的发展。

二、农村公共品投入总量及农民满意度评价

从我国财政用于农业支出占财政总支出的比重来看，这一比重增长的速度远远落后于财政收入增长的速度，与农业的国民经济地位很不匹配。整体上国家对于农业的重视程度依然较低，对三农的财政投入严重不足。财政的限制直接影响到公共品的供给。农村纯公共品和部分准公共品只能由国家和政府投入，地方政府收入有限，尤其是县、乡等基层政府财政困难。中央政府财政投入的严重不足致使我国农村公共品总量短缺，满足不了农民的需求。

(一)农村公共品投入总量短缺

1. 生产性公共品供给不足 生产性公共品主要包括大型农业固定资产投资、大型水利灌溉设施、农作物良种的开发培育以及有关农产品市场供求信息的预告等。我国的行政体制和财政体制不断进行改革,主要表现在中央财政的事权不断向地方上转移,过去许多由中央政府或者省级政府负责的农村公共品的供给也不断转向现在的由县、乡政府承担。但是县、乡一级政府的制度内财政收入比较有限,并且制度外资金的投入又缺乏有效地激励和相应的监督,导致了农村生产性公共品供给不足现象的出现。许多农村地区缺水灌溉,农业科技研究人员短缺,相关的农业科技开发投入不足,没有规范和完整的市场供求信息网络。

2. 涉及农村可持续发展的生活性公共品供给短缺 生活性公共品主要包括农民的医疗保健、农村的教育水平、农村的环境保护等。这些农村公共品的提供对于提高农民素质和促进农村的可持续发展具有非常重要的意义。但是现实情况是,我国各级政府,尤其是中央政府对这些公共品供给方面的财政投入短缺。

(1)*农村基础教育服务匮乏* 我国农村义务教育虽然已基本普及,但仍然存在着大量的失学儿童,公共文化设施建设较为落后,适合农村发展需要的农村教育服务不足。长期以来,农村基础教育服务相对于农民的强烈需求而言滞后,普通小学师资力量匮乏。截止到2010年末,我国农村普通小学学生数5 350.2万人,专任教师319.1万人,学生和教师比例为16.77∶1;初中学生数1 784.5万人,专任教师127.2万人,比例为14.03∶1;农村劳动力中小学文化程度和文盲半文盲占30.17%,初中文化程度占52.44%,高中文化程度占12.05%,中专、大专及大专以上文化程度占5.34%[①]。

① 数据来源于《中国统计年鉴2011》,中国统计出版社

(2)农村医疗卫生服务水平较低　农村对医疗卫生服务需求极为强烈,然而农村公共卫生资源缺乏不能满足农民的需要。国家财政投入的不足及地方财政的限制使得农村基本医疗条件落后,设备陈旧,卫技人员短缺而且业务素质水平较低,服务水平低下,公共卫生和各项预防保健工作难以落实。虽然农村新型合作医疗的推广在一定程度上缓解了看病难的现象,但农村医疗设施陈旧,医务人员的素质不高和数量不足的问题依然很严重。相当多的农民还没有摆脱“看病难、看病贵、看不起病、小病拖、大病抗”、“因病致贫,因病返贫”的状况。

(3)农村社会保障体系缺失　农村社会保障制度体系很不健全,保障功能弱,社保资金短缺,保障范围小,保障水平相对较低。我国社会保障体系明显呈现城市与农村二元化现象。在农村社会保障方面,除政策明确规定必须支付的项目外,其他的社会保障形同虚设。截至 2010 年底,全国城镇基本养老保险参保人数为 25 673 万人,全国有 27 个省、自治区的 838 个县和 4 个直辖市纳入国家新型农村养老保险试点,农村参保人数达到 1.03 亿人,其中,约有 2 863 万 60 岁及以上农村老年人享受由国家财政提供的基础养老金,制度覆盖面仅达到 24%[①]。

(4)农村市场化信息与实用科技服务不足　在市场经济中,农民是独立的生产经营者,需根据市场变化进行生产经营决策,但因生产规模较小难以承担高昂的信息搜寻成本与科技研发费用。为了避免农业增产不增收现象,改变农业生产技术徘徊的状况,农村迫切需要市场供求信息与实用科技,但此类公共品的供给数量目前远远不能满足农民需求。

① 资料来源于全国老龄工作委员会办公室官网 2011 年 3 月 1 日的《“十一五”期间中国老龄事业发展状况》,http://www.cncaprc.gov.cn/info/13086.html

(二)农民对农村公共品投入满意度偏低

农民的满意度是评价农村公共品供给水平的重要标准。本书引用河北农业大学2009年开展的“万名学生进万家”社会实践活动所获取的相关数据来评价农民对农村公共品投入满意度。本次调查以农村公共品供给与需求为重点,设计了涵盖农村公共品供给与需求的56个问题。调查覆盖了河北省11个市、44个县(市区)、50个乡镇的644个农户,包含了河北省不同地貌类型、不同经济发展水平、不同区位布局的县(市、区),从村庄地理位置、农户收入水平、家庭收入主要来源、受访者文化程度、身份(是否村干部)以及性别、年龄等方面体现了受访农户的差异。调查资料能够比较客观地反映河北省农村公共品的供给与需求现状,对分析农民对农村公共品投入满意度有较强的代表意义。

1. 农民满意度总体统计与评价

调查结果显示,农村公共品供需矛盾突出,农民对现有公共品评价不高,其需求普遍不能得到满足。除农技指导与培训外,农民对义务教育、医疗卫生、金融信贷服务、村民自治等4项公共品的满意度均较低。对于农技指导与培训服务的较高满意度,也只是源于仅有的113个受益农户的评价,而85.6%的农户至今未接受过任何农业技术指导或培训,供需矛盾突出。

对于农村义务教育,26.7%的受访农户表示不满意或很不满意,40.2%的农户感觉一般,34.7%的农民对农村义务教育表示满意。对于满意的用户,大部分农民也仅仅是满足于本村或就近有一所学校,学校配有简单、传统的教学设施而已,而义务教育质量并未成为其重要评判标准。

对于医疗而言,农民得到的主要是村级私人诊所提供的低水平服务,只有11.3%的满意率,高达62.3%的农户认为一般,更有26.4%的农户明确表示不满意或很不满意。这充分显示出农村医疗卫生事业发展滞后,供需矛盾突出,看病难、看病贵等依然是困扰农民生存和发展的重大问题。

资金是农民生产经营的基本要素之一，但 644 个受访农户中受益于农村金融信贷服务的农户仅有 161 个。调查结果表明，66.1 %的农户明确表示对农村金融信贷服务不满意，其中很不满意的农户达到 21.5%。从调查中得知，面向农民的政策性贷款或挪为他用，或用作权钱交易和权情交易的筹码，农民对这种缺乏监督约束机制的公共服务强烈不满。

村民自治作为一项公共品，是农民行使基本民主权利的直接体现。通过问卷调查和个别访谈发现，受访农户对村民自治这项工作满意率仅为 23.7%。不少村庄的村民自治只是流于形式，民主选举一定程度上存在着贿选和派系争斗现象，更降低了农民参与的积极性。

2. 不同收入水平农户满意度统计与评价

调查结果对低收入农户、中等收入农户、高收入农户进行了分类统计分析，以探究收入水平与农民对公共品供给满意度之间的关系。

结果表明，各种收入水平的农户对现有农村公共品供给满意度都较低。收入水平越高，农民满意度也相应较高，尤其是低收入农户对公共品的评价与其他两种收入水平农户存在明显差异。由此可见，收入水平与农民的公共品满意度之间存在着较强的相关性，收入水平越高，满意度也越高，反之亦然。

审视我国公共财政政策，可以发现财政提供农村公共品的力度普遍较弱，相对而言，财政惠农政策更倾向于发展落后地区。在现有的公共财政条件下，农村公共品供给水平很大程度上决定于农村经济发展水平。在经济条件较好的地区，集体经济的基础较好，自筹能力相对较强，集体经济组织和农民个人都较好地发挥了供给主体作用，公共品供给水平也相应较高；而在经济发展水平较低的地区，集体经济薄弱甚至名存实亡，农民收入有限，自我供给能力较弱，由此公共品的供需矛盾尤为突出。这一结果在揭示农村公共品供给满意度和农村经济发展水平关系的同时，也从一个侧面反映出现有公共品供给制度是缺乏效率的，供给制度变迁已成为农村经济社会发展的必然要求。

第二节　农村公共品投入的结构

现阶段，对于日益增长的、具有层次性、多样性和个性化的农村公共品的供给，不仅存在供给总量不足问题，也存在供给结构失衡问题。从国家财政用于农业支出的结构来看，支出结构不尽合理（见表 2-2、表 2-3）。改革开放至今，国家财政用于农业的支出规模以较快的速度增长，但支出结构存在畸重畸轻的现象。

表 2-2　国家财政农业支出结构(1978—2006 年)

年　份	农业支出（亿元）	支援农村生产支出和各项农业事业费（亿元）	基本建设支出（亿元）	科技三项费用（亿元）	其　他（亿元）	用于农业支出占财政支出的比重（%）
1978	150.7	77.0	51.1	1.1	13.9	13.43
1980	150.0	82.1	48.6	1.3	13.9	12.20
1985	153.6	101.0	37.7	2.0	12.9	7.66
1987	195.7	134.2	46.8	2.3	12.5	8.70
1989	265.9	197.1	50.6	2.5	15.7	9.42
1990	307.8	221.8	66.7	3.1	16.3	9.98
1991	347.6	243.6	75.5	2.9	25.6	10.26
1992	376.0	269.0	85.0	3.0	19.0	10.05
1993	440.5	323.4	95.0	3.0	19.0	9.49
1994	533.0	399.7	107.0	3.0	23.3	9.20

续表 2-2

年 份	农业支出（亿元）	支援农村生产支出和各项农业事业费（亿元）	基本建设支出（亿元）	科技三项费用（亿元）	其 他（亿元）	用于农业支出占财政支出的比重（%）
1995	574.9	430.2	110.0	3.0	24.0	8.43
1996	700.4	510.1	141.5	4.9	43.9	8.82
1997	766.4	560.8	159.8	5.5	40.4	8.30
1998	1154.8	626.0	460.7	9.1	59.0	10.69
1999	1085.8	677.5	357.0	9.1	42.2	8.23
2000	1231.5	766.9	414.5	9.7	40.4	7.75
2001	1456.7	918.0	480.8	10.3	47.7	7.71
2002	1580.8	1102.7	423.8	9.9	44.4	7.17
2003	1754.5	1134.9	527.4	12.4	79.8	7.12
2004	2337.6	1693.8	542.4	15.6	85.9	9.67
2005	2450.3	1792.4	512.6	19.9	125.4	7.22
2006	3173.0	2161.4	504.3	21.4	485.9	7.85

引自:《中国统计年鉴 2010》,中国统计出版社

注： 从 2007 年起,因国家财政部报表制度调整,口径与往年不同,故 2007—2009 年国家财政农业支出结构数据另附表 2-3。

表 2-3 国家财政农业支出结构(2007—2009 年)

年 份	农业支出（亿元）	支援农村生产支出和各项农业事业费（亿元）	粮食、农资、良种、农机具四项补贴（亿元）	农村社会事业发展支出（亿元）	农业支出占财政支出的比重（%）
2007	4318.3	1801.7	513.6	1415.8	8.73
2008	5955.5	2260.1	1030.4	2072.8	9.51
2009	7253.1	2679.2	1274.5	2723.2	9.51

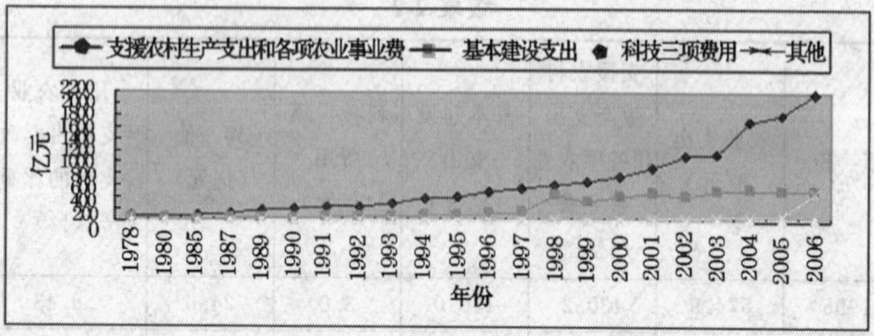

图 2-2　国家财政农业支出结构(1978—2006 年)

从现实来看,由于农民在整个社会生活中的弱势群体地位,使农村公共品的供给决策机制中,处于主导地位的供给方是各级政府,而不是需求方即农民。各级政府尤其是基层政府也具有经济人特性,必然会在自身利益的驱动下做出有利于自己的制度安排,更倾向于提供反映自身偏好的政绩型或政府福利型公共品。这种"供给主导型"的决策机制客观上造成了农村公共品的不合意供给,供给结构失衡严重。这种供给结构的扭曲集中表现为农民迫切需要的公共品供给不足与政府偏好的公共品过剩的矛盾。

一、农民迫切需要的公共品投入不足

(一)关系农民基本生活需要的公共品供给水平普遍较低

农村公共基础设施供给水平直接影响着农民的生活质量。近年来国家加大农村基础设施的投入力度,力求实现水、电、路等村村通,但是我国大多数农村公共基础设施仍然落后。有些村庄的自来水设施因管理、维护不善导致或闲置不用,或用水纠纷时有发生,仍有部分农村居民的生活甚或生产受到道路和饮水问题的困扰。截至 2009 年末,71 288 万乡村人口中自来水累计受益人口

65 405 万人，还有将近 6 000 万人没有用上自来水[①]；电视普及率有所提高，但有线电视进村率还不理想，电视信号问题普遍存在，通电率和通电话率高，但电压不稳、电话费较高，这些都影响着农民的消费水平和消费预期；虽然近些年来很多地方实施村村通公路的计划，取得了一定的成就，但从总体上来讲，我国农村运输服务体系起点比较低，农村路网不发达，技术水平落后，覆盖能力差；农田水利建设是农业生产必需的公共品，我国农村地区当前一些大型水利灌溉设施建设于 20 世纪 60、70 年代，已经陈旧老化，年久失修，这些灌溉设施难以适应现代农业发展的要求。农村有效灌溉面积较少，2010 年末全国农田有效灌溉面积 60 348 千公顷，只达到可耕地面积 121 716 千公顷的一半[②]

文化体育生活日益成为衡量农民生活质量的重要指标之一。第二次全国农业普查对 2006 年末全国 34 756 个乡镇和 637 011 个村的文化体育设施进行了调查。2006 年末，全国有图书室（文化站）的村占全部村的比重为 13.4%，有农民业余文化组织的村占全部村的比重为 15.1%，有体育场馆的乡镇占全部乡镇的比重为 13%，有体育健身场所的村占全部村的比重为 10.7%，有影剧院的乡镇占全部乡镇的比重为 16.7%[③]。由于文化体育设施供给匮乏，开展的健康文化娱乐活动较少，赌博与封建迷信活动仍占有一定市场。文化体育设施的稀缺、文化活动的个体化和封闭性状况，不利于农民形成积极向上的文化心理和社会心理，不利于乡风文明的新农村建设目标的实现。

生命和财产安全是人类的基本需求。由于农村经济社会的不

① 数据来源于《中国农村统计年鉴 2010》，中国统计出版社

② 数据来源于《中国农村统计年鉴 2011》，中国统计出版社

③ 数据来源于中国三农信息网，2008 年 5 月 4 日的文献《全国农村文化体育设施缺口较大》

均衡发展、农村教育以及文化体育生活的匮乏，使农村社会秩序欠佳，农民的安全需求难以满足。当前的农村社会，防不胜防的偷窃、明目张胆的抢劫频频发生，很多农民为财产甚至生命安全而担忧。公共安全本应是政府为社会提供的最古典的公共品，但农村安全机制的严重缺陷与农民的强烈需求形成较大反差，表明政府供给主体基本缺失。

环境是影响农民生活质量的重要因素，也是典型的农村公共品。目前，农村的环境污染和生态破坏问题日益突出，农业环境污染、企业污染、农村居住环境污染以及主要废弃物污染等，严重威胁着农村公共卫生安全和可持续发展。虽然农民对生态环境关注程度较低，但对影响其日常生活的生活垃圾、厕所圈舍污染等问题反映尤为强烈。但由于环境问题尚未引起各级政府的高度重视，关系农民生存环境的公共卫生设施、排水设施、污染治理设施等公共品供给极度匮乏。

【资　料】

中国农村污染状况调查与分析——来自全国141个村的数据①

《2006年中国环境状况公告》显示，中国农村环境形势严峻，生活污染和工业污染叠加、各种新旧污染与二次污染相互交织，工业及城市污染向农村转移，农村污染问题引起了社会各界的关注。2007年组织了关于农村环境污染的调查，目的就在于更加全面了解农村环境污染的状况。此次调查共涉及全国26个省（自治区、直辖市）的150个村，最后回收有效问卷141份，其中有10个调查

① 资料摘自唐丽霞，左停，《中国农村污染状况调查与分析——来自全国141个村的数据》，中国农村观察，2008(01)，笔者进行了删减和整理

村是少数民族，占调查村总数的7.09%。从调查村的区域分布来看，45个村位于西部地区，55个村位于中部地区，41个村位于东部地区。

调查显示，中国农村水污染问题比较严重。有65个村表示水资源受到了污染，占调查村总数的46.1%。调查村水源污染的主要原因依次为工业污染、农药、化肥污染、生活垃圾和城市排污。有28个村是因为当地工业发展造成了水源污染，占调查村总数的43.08%；分别有18个和12个村的水源是因农药、化肥污染和生活垃圾污染的。

从水资源的管理方式来看，相当多的调查村水资源处于无人管理的状态，有52.7%的村内的河流、16.35%的村饮用水井、12.9 %的村人工引水渠、11.59%的村灌溉水井、11.48%的村水塘和3.23%的村水库无人管理。水资源缺乏有效的管理，成为限制水资源可持续利用的一个重要因素。虽然如此众多的村在水资源利用上遇到了困难，但是只有22个村采取了一定的措施来解决这一问题，大部分村还是听之任之。

农药对农村的负面影响也非常明显。有54个村表示农药的使用污染了当地的水源，占调查村总数的38.3%；有31个村表示农药的使用破坏了当地的生态环境，造成环境退化，占调查村总数的21.99%；有28个村表示农药的使用造成当地粮食品质下降，占调查村总数的19.86%；还有21个村表示农药的使用使人、畜安全受到了威胁。有73个村出现过打药中毒事件，占调查村的51.77%。

农村的环境污染问题也十分严重。有107个村表示环境受到了污染，占调查村总数的75.9%；有2个村认为环境污染非常严重，有20个村认为环境污染情况比较严重，占调查村总数的14.18%。调查显示，有95个村没有采取任何措施来应对环境污染，占调查村总数的67.38%；虽然有46个村采取过一些措施来治理污染，但从所采取的措施来看，都是一些简单的收集和集中安置污染物，实质性的治理污染的措施非常少，这些简单措施所起的作用是非常有限的。

综上所述，中国农村环境污染严重，农村水资源状况令人担忧。化肥、农药、地膜等大量投入，一方面带来了农业产量的提高，另一方面也导致了农业环境的恶化。

（二）关系农民基本人权的公共品供给匮乏

农村教育、医疗和社会保障是关系农民基本人权的公共品，其供给水平不仅关系着农民基本人权的实现程度，而且也影响着农村乃至整个社会的和谐发展。

教育作为一项收益外溢性极强的公共品，政府理应承担主要供给责任，充分满足农民需求。从义务教育阶段的学校设施和现代化程度来看，学校设施的供给水平较低，大部分学校只有最简单、传统的教学设备而已，缺乏城市中小学拥有的多媒体教室、实验室、微机室、语音室、体育场馆等现代化的教学设施。简陋的教学设备，使音体美以及一些课程仅流于空谈，全方面的素质教育目标难以实现。从教育的服务水平来看，教育质量成为农村教育发展的制约因素。因此教师的低素质必然导致义务教育的低效率。从教育费用来看，虽然国家对于农村义务教育的政策已逐步惠及农民，但收入水平较低的农户仍然为除学费以外的其他费用而困扰，某些地区仍存在着的教育集资、摊派现象加重了农民负担。同时，政府对教育公共品供给不足又催生了私人办学，而且市场已进入义务教育领域，各项费用较高。高等教育的高收费使许多农村家庭面临着较大的经济困难。

农村医疗卫生的低水平供给已成为制约农村社会和谐发展的主要因素之一，新型农村合作医疗制度在缓解农民医疗风险的同时，也存在着一定的制度缺陷并影响着其可持续性的发展。目前，农村医疗设施供给率高，但服务水平普遍较低。从诊所医疗设施的现代化水平看，多数农村诊所的医疗设施简陋，基本限于体温计、听诊器和血压计等“老三件”。农村诊所医务人员的业务水平和业务素质不高，致使医疗服务水平较低，“看病难”仍然困扰着多数农民。目前，政府加大供给力度，新型农村合作医疗正以较快的速度推进，但有限的合作医疗基金以及运行机制的缺陷，致使农民并未摆脱医疗风险，农民“因病致贫、因病返贫”问题依然存在。

农村社会保障制度处于探索并逐步建立的阶段，保障水平较低。以医疗保险、养老保险、最低生活保障、社会救济、拥军优抚等为主要内容的农村社会保障，是农民生存和生活的“安全网”。由于历史、经济、社会等方面的原因，农村社会保障事业还很落后，社会保障覆盖面小，保障水平低，至今没有形成健全的制度和完整的体系。农民对医疗保险和养老保险渴求但持怀疑和观望态度；由于受政府、村集体等供给主体的经济实力和自身利益的影响，又缺乏制度规范的约束，致使最低生活保障、社会救济等救助资金短缺、救助不到位的现象普遍存在。

(三)关系农民民主权利的公共品供给水平较低

管理民主是新农村建设的主题和难题，完善农村基层民主自治制度是实现农村管理民主的核心所在。村民自治作为一项公共品，是农民行使基本民主权利的直接体现。不少村庄的村民自治只是流于形式，民主选举一定程度上存在着贿选和派系争斗现象，更降低了农民参与的积极性。有的村庄选举时选票被集中在几个人手里，有的村庄村干部由村民选举难以产生而由上级政府任命。

二、政府偏好的公共品投入过剩

(一)带有政绩倾向的公共品供给过多

一是不顾农村的客观条件，倾向于投资一些见效快、易出政绩的短期的公共项目(如各类达标升级活动)，即使没钱也要强行进行建设。而不愿提供一些见效慢、期限长却具有战略性的纯公共品(如对需要达标的乡村道路建设、农田灌溉设施等)。针对农村的各种形式的达标、升级、验收、评比活动逐渐增多,一些地方政府在开展这些活动时,要求农民或农业企业提供资金和力量,增加了农民负担。二是倾向于投资新建公共项目而不愿投资维修存量公共项目。三是倾向于提供看得见、摸得着的道路、水利设施等"硬"公共品,甚至过多提供农民较少需求的楼堂馆所、农贸市场、歌舞剧院等公共设施,而不愿提供农业科技推广、农业信息系统、农村发展综合规划等"软"公共品。四是重视农村准公共品的投入,轻视纯公共品的投入。结果是不仅造成农村公共品供需结构失衡,而且导致供给成本较高,无疑加重了农民负担。

(二)农村政绩工程与形象工程层出不穷

一些县、乡政府领导为了突显自己在位时的政绩,为日后高升积累资本,同时也可以获得一些工程的经济利益,对"形象工程"与"政绩工程"情有独钟,想方设法利用手中的公权力来推动相关工程建设,以实现"名利双收"的目标。一些乡镇政府为了自己的工作业绩与利益,不惜劳民伤财,甚至弄虚作假。

福建漳州市平和县坂仔镇西坑村在新农村建设中号召农民建起了 40 多幢黄白相间的小别墅,成为当地政府大力宣传的明星"小康村",但西坑村却因此欠下 130 多万元贷款,成为当地百姓沉重的负担和挥之不去的心病[①]。在一些经济落后的地区,一些领导没能从当地的特殊性出发,认真研究适合本地区的发展思路和模式,而是把精力用于追求政绩,大搞形象工程上面。但是事实上这些并非农民真正需要的,因此浪费了大量的公共资源。

(三)政策性的供给过多

许多政府官员习惯于制定过度无关的政策对农民的生产活动进行干预,当政府的决策与农民的需求出现偏差的时候,农民又没

① 引自中国海洋大学王丽丽的硕士学位论文《构建和谐社会背景下我国农村公共品供给问题研究》,2008

有向上诉求的有效渠道，这样就影响了资源的有效配置。同时我国又缺乏对于农村公共品投入过程与结果产出的监控机制，即使在这些环节出现问题也没有问责机制来对农村公共品投入方向与绩效加以考核。

第三节 农村公共品投入的区域差异

农村地区经济社会的非均衡发展，使不同发展水平地区提供的公共品数量及质量存在较大差异，必然出现不同地区公共品供给的不公平性。

一、地方财政支农总量的区域差异

经济繁荣、市场发达、地方财源丰裕或者乡镇集体企业多、效益较好的一些地区，地方政府或村集体组织有财力提供较多的公共品；而其他资源条件落后、交通不便、底子较差的地区，公共品的供给则呈现短缺的态势。其中又尤以农业大省财政支农数较低。由此可见，越是农业大省，其公共品供给水平越低，这也进一步拉大了农村各地区的经济发展潜力的差距，对国民经济的均衡发展极其不利。

通过地域的横向比较，农村公共品投入存在地域支农总量的差异和不平等性。为了比较地方财政支农总量的差异，本书把地方财政对公共品的财政支出分为两类：一是提高农村物质资本积累水平的财政支出，包括支援农业生产支出、水利气象等部门事业费、农业基本建设支出、农业科技三项费用等；另一类是提升农村人力资本积累水平的财政支出，包括农村义务教育、农村医疗卫生等方面的财政支出[1]。从这两类支出中选出人均农林水事务支出和人均科学技术支出，财政人均教育经费支出和财政人均卫生经费支出4个指标进行区域比较，分别代表政府对农村物资资本支出的水平和农村人力资本支出的水平。

表2-4 2009年各省、直辖市、自治区人均财政公共支出水平 单位:(元/人)

省份	人均教育财政支出	人均卫生财政支出	人均农林水事务财政支出	人均科学技术财政支出
北京	2083.58	949.44	809.15	719.70
天津	1413.73	441.56	518.65	276.83
河北	624.59	248.34	376.43	37.57
山西	811.40	296.85	579.14	51.38
内蒙古	1005.28	425.01	918.08	74.59
辽宁	802.80	378.14	557.33	133.10
吉林	791.93	391.76	746.15	69.27
黑龙江	696.84	354.16	502.93	52.16
上海	1806.10	691.55	559.36	1120.83
江苏	881.07	256.58	522.03	151.48
浙江	1002.57	341.80	455.76	191.71
安徽	528.12	270.33	422.79	59.48
福建	765.24	257.49	333.32	76.90
江西	568.43	271.99	458.95	30.24
山东	647.82	199.83	390.02	66.40
河南	554.59	235.22	381.16	37.44
湖北	554.70	243.43	445.66	44.28

① 引自华中科技大学王书军的博士学位论文《中国农村公共品供给主体及其供给行为研究》,2009。

续表 2-4

省份	人均教育财政支出	人均卫生财政支出	人均农林水事务财政支出	人均科学技术财政支出
湖南	558.19	248.51	431.30	46.23
广东	833.37	262.35	289.70	174.83
广西	610.79	239.18	433.98	37.22
海南	862.26	348.78	961.61	70.27
重庆	665.55	268.38	438.70	54.41
四川	551.55	267.68	394.34	34.99
贵州	675.94	270.77	537.48	37.58
云南	674.21	330.97	584.73	41.55
西藏	2104.97	761.61	2921.04	92.80
陕西	824.40	333.60	585.16	55.24
甘肃	783.14	335.38	603.24	38.65
青海	1109.80	583.18	1038.58	85.82
宁夏	1016.04	366.67	1098.91	70.43
新疆	1112.30	393.41	911.45	74.76

注:1.本表数据根据2010年中国统计年鉴、2010年中国农村统计年鉴计算得出,各地区各项人均支出=本地区各项财政总支出/本地区人口总数

2.由于2010年中国统计年鉴中人口数根据2009年人口变动情况抽样调查数据推算,全国总人口根据抽样调查进行了修正,分地区未作修正,所以本表数据存在一定的误差

通过表2-4中的数据我们可以看出,在地方财政供给公共品的支出上面,各省之间的差距非常明显。人均教育财政支出最高的西藏是2 104.97元/人,最低的安徽是528.12元/人,两省之间相差将近4倍。北京人均卫生财政支出949.44元/人,是山东199.83元/人的近5倍。而人均农林水事务支出最高的是西藏,近3 000元/人,是广东人均支农支出的10倍。在人均科学技术

支出上，最高的上海达1 120.83元/人，与较低的江西、四川、广西相差几十倍。各省、直辖市、自治区人均财政公共支出水平参差不齐，其农村公共品的投入水平必然有很大的差异性。

表2-5 东、中、西地区 人均公共财政支出的均值比较 （单位：元/人）

地区	人均教育财政支出	人均卫生财政支出	人均农林水事务财政支出	人均科学技术财政支出
东部地区	879.63	309.43	437.92	178.39
中部地区	601.96	273.29	462.61	46.69
西部地区	732.54	311.92	582.76	47.00

由表2-5分析可以得出，东、中、西三大区域之间在地方财政对公共品支出上有显著差异：在人均教育财政支出和人均科学技术财政支出上，其财政支出水平由高到低依次为东部地区、西部地区、中部地区；在人均农林水事务财政支出方面，财政支出水平由高到低依次为西部地区、中部地区、东部地区；在人均卫生财政方面，财政支出水平由高到低依次为西部地区、东部地区、中部地区。总体来看，无论以哪个指标分析，中部地区的财政公共支出水平相对于东、西部地区都比较低，表现出了中部“塌陷”的现象。近年来，西部大开发计划不断向前迈进，加之一系列支援西部的政策活动，使得西部落后地区经济已经赶超中部一些地区，中部部分地区被推到“边缘”地带。

二、农村公共品成本分摊的区域差异

在现行农村公共品投入体制下，制度外的农村公共品的成本基本上是在农民中间平均分摊的。对制度外的农村公共品带给农民的负担，按中央政府规定，是在村人均纯收入的5%限度内计提并平均分摊的。但是，近年来由于多种经营、外出打工和农民自身劳动能力不同等多方面的原因，农民的收入差距明显扩大，造成农村制度外公共品成本分摊的不公平。收入水平越高的农民和比较利益越高的产业,农民的负担率就越低。就农民而言,实际负担率与收入水平成反比,这就违背了公平负担的平等原则。

改革以来,在农民收入普遍增加的同时,农民之间的收入差距也明显扩大。在平均分摊的情况下,也会出现高收入农户实际负担低于其人均纯收入的5%,低收入的农户实际负担高于其人均纯收入的5%的局面。农业和农村非农产业都通过上缴税收而分摊了农村制度内公共品的成本,但在分摊农村制度外公共品成本方面,农业明显处于不利地位,造成农民之间对农村公共品的成本分摊的差异。

第四节 农村公共品投入水平的影响因素

着眼于历史与现实,影响农村公共品投入水平的原因是多方面的、复杂的。本书将从制度、体制、机制3个层面进行深入分析。当然,一些非制度体制因素对农村公共品供需均衡过程同样有着重要影响,如公共品的特有属性、经济发展水平、农业生产的特性、社会文化因素、自然地理因素等,这些因素不仅造成农村公共品供给短缺和低效率,而且又是导致城乡公共品投入差距拉大的直接原因。本节将影响农村公共品投入水平的原因归结为制度、体制和机制3个相互关联的层面,以为实现农村公共品供需均衡寻找依据和切入点。

一、制度因素

制度因素主要指非均衡的公共品供给制度、供给主导而非需求主导的供给决策制度、经营制度等方面对农村公共品供需均衡的影响。

(一)城乡二元非均衡供给制度

城乡二元非均衡供给制度是影响农村公共品投入水平的最主要原因之一。政府"重城市轻农村",规避农村公共品的供给责任,引致城乡公共品供给的极大落差。城乡割离、城市偏好的非均衡发展战略的实施,使公共品供给带有明显的以城市为导向的"二元供给"或"一品两制"特征。城市是以政府投入为主体的公共品投入模式,无论是公共品的数量还是质量都要远远优于农村公共品,并且城市居民免费享受着资源众多、种类更多、范围更广的公共品。

农业作为国民经济的基础,具有很强的外部性,有着极大的社会效益,但是国家不但没有采取向农民、农村倾斜的财税政策安排,还优先保证工业建设和城乡公共品供给①。在现行公共品供给体制下,政府把大量的公共资源投到了城市,而农村公共品供给成本以制度外供给的方式主要由农民承担。由"农业支持工业"向"工业反哺农业、城市支持农村"的战略转变将是一个较长而艰巨的过程,不可能一蹴而就。因此依然可以说城乡二元非均衡的公共品供给制度是导致农村公共品供需失衡问题的根源。

(二)供给主导而非需求主导的供给决策制度

政府作为农村公共品的供给主体,实行了自上而下的"压力型"供给决策模式,具有典型的供给主导的特征。农村公共品供给不是由乡村社区居民的内部需求决定,而是由社区外部的指令和自上而下的决策制度而定。一般而言,基层政府的目标函数和农民的目标函数并不总是一致,前者追求是政绩,而后者追求的则是生产的效益最大化和消费的效用最大化。这种决策模式以政府偏好为出发点,忽视了农民的真实价值偏好和多样化需求,最终引起

① 引自湖南师范大学何赛雄的硕士学位论文《当前我国农村公共品供给问题研究》,2006

了农村公共品供给与需求的错位。

(三)经营制度变迁的影响

家庭承包制取代集体经营制度的变迁，为农业的高速增长提供了很强的激励机制，但这种制度却缺乏对公共品供给的激励。政府和村集体对物力尤其是对人力资源的组织动员能力大大减弱，致使农村公共品供给成本增加；分散的家庭生产和经营使农民以个人利益为重，村集体经济被削弱，出现了村集体经济“空壳化”趋势，致使集体经济组织的公共品供给能力弱化，从而影响农村公共品的投入水平，造成农村公共品供需失衡。

二、体制因素

体制因素的影响主要在于供给主体失衡、供给责任不清、政府主体错位、行政管理体制不健全等。

(一)供给主体失衡

首先表现为多元供给主体结构的缺失。农村公共品的特殊性对构建以政府为主的多元化供给格局提出了必然要求。从理论上来说，农村公共品的供给主体可以是政府、市场、农村社区和社会力量。但目前农村公共品供给主体单一，政府以外的其他供给主体没有大规模地进入农村公共品供给领域，基本上处于缺失状态，由此导致农村公共品供给规模较小，远不能满足农民扩大化的需求。

财政困难造成起主导作用的政府供给主体缺失。受经济发展水平的制约，我国目前的财力规模还没有能力完全满足日益增长的公共品需求。农民缺乏承担供给责任的能力。改革开放以来，农民收入水平确实得以大幅度增长，但近年来城乡差距日益拉大。相对于农村公共品需求的快速增长趋势，农民的供给能力远不能适应需求的扩张。另外，农村公共品供给的负担更多地落到低收入农民身上，更激化了供需矛盾。

薄弱的村集体经济严重影响了村级组织供给公共品的能力，而村级组织的功能定位困境，致使村委会长期承载着政务和村务双重功能，不能很好发挥其村级公共品组织者的角色功能，从而影响了农村基层公共品供给效率。

第三方缺乏参与意愿与机会。第三方主要指私人和企业以及各种社会志愿团体或个人。由于资本的逐利性，社会资金更愿意流向具有较高收益率的城市或农村中的其他私人产品领域，而不愿将资金投向不具有收益或收益较低的农村公共品领域。同时，我国的公益组织数量很少，截至 2010 年底，在民政部门依法登记的各类社会组织数量由 2005 年底的 31 万个增加到 44 万个，其中基金会数量从 975 个增加到 2 200 个[①]，而美国 1998 年豁免税收减免的慈善公益机构有 120 万个。并且我国慈善机构动员资源的能力较差，缺乏有效的资金筹集机制，影响了其在农村医疗保障体系建设、贫困助学等农村公共品建设方面的作用。各级政府实行了严格的规制，第三方难以大规模地进入农村公共品供给领域，客观上抑制了农村公共品的有效供给。

(二)供给责任不清，政府主体错位

目前，各级政府间的供给责任划分不尽合理，存在事权和财权的不对称性。在现行制度下，农村公共品的供给更多地由省以下的地方政府，特别是县、乡政府承担，尤其是乡镇政府的事权大于财权，承担着许多应该由上级政府承担的支出。这种事权重心下移，财权重心上移，事权和财权极不对称的财政制度，是我国农村公共品供给水平低下的主要原因。

随着经济社会的发展，农村公共品的供给力度比以前加大，对农村公共品投入过程中各方面的工作也趋于完善，但是在后期缺

① 引自中央人民政府网 2011 年 7 月 15 日的《中国慈善事业发展指导纲要(2011-2015 年)》

乏有效的监督控制，一些政府部门缺乏服务意识，行政方式比较传统。由于农村公共品供给程序比较复杂，在此过程中有可能导致各级政府部门的职能产生错位，盲目进行经济生产，不真正了解本地区的需求，造成经济生产未能与本地的实际需要相结合，使得县、乡各级财政受损，影响投入水平。

(三)行政管理体制不健全

首先，政府机构设置不合理，财政供给人员膨胀。政府层级过多，从中央到地方要求各种级次政权机构对口、行政管理更多是从组织保障出发，增加机构增加人员有较大的随意性、行政成本高，效率低。其次，自上而下的官员任命体制和不科学的政绩考核机制诱发基层政府偏离"公共性"职责，导致公共品供给的结构性矛盾。由于行政领导考核更侧重于看得见的"政绩"，而不是侧重于群众的"口碑"，各级政府部门的决策者往往忽视辖区内的公共需求，从自身的"政绩"和"利益"需要出发，以满足上级的各项考核指标以及相关行政部门利益的最大化为决策的主要价值标准，进而导致农村公共品供给决策的效用标准出现偏差。于是，见效快、政绩大、看得见、全新型的公共品供给过剩，投资大、期限长、维护性、看不见的公共品供给严重不足。

三、机制因素

机制因素对供需均衡的影响则体现为自上而下的供给决策机制是农村公共品供给偏离需求的重要原因，多方参与的激励机制缺失致使供给总量不足，而监督机制的缺失与错位则导致农村公共资源的浪费。

(一)自上而下的供给决策机制，导致农村公共品供给偏离需求

公共品最优供给理论认为，要达到公共品的最优供给，必须充分考虑消费者对公共品的需求状况。但自上而下的供给决策机制颠倒了理论上的逻辑关系，农民作为经济和政治的双重弱势群体，由于缺乏需求的有效表达机制和规范的公共选择机制而被排斥在公共项目的决策和运作之外，由此对农村公共品供给起主要作用的不是农民的真实需求，而是自上而下的行政命令，甚至是为了满足决策者的政绩和利益需要。这种局外人决策机制以强制性供给替代农民的真实价值偏好，其结果不仅造成农村公共品供给严重偏离需求，而且导致供给成本较高、增长无序的现象，浪费了大量公共资源。

(二)多方参与的激励机制缺失，导致农村公共品供给总量不足

供给主体多元化是化解农村公共品供需矛盾的主要途径。但政府作为制度供给者没有确立有效的激励机制吸引其他主体大规模进入农村公共品供给领域。第一，缺乏有效的信息沟通与决策参与机制，一定程度抑制了农民参与供给的积极性。第二，缺乏产权激励以及政府对公共行业的严格规制，造成该行业的高度垄断，从而阻滞了市场主体的充分介入。第三，政府缺乏相应的扶持机制激励各种社会志愿力量进入农村公共品领域。第四，可持续经营机制不完善，政府与农村维护农村公共品的激励不强。

(三)农民缺乏有效的需求表达机制

根据公共品最优供给理论，要使公共品的供给达到“帕累托”最优①，就必须考虑消费者对公共品的需求状况，寻求公共品供求的均衡点。但是乡镇基层政府和村委会在决定公共品的投入方式、种类和数量及结构时，往往会忽略农民对农村公共品的真正需求，不给农民发言权，这样就造成了农村公共品的供给与需求产生偏离，出现严重的结构性供给不足。

---

① 帕累托最优也称为帕累托效率或帕累托最适，指资源分配的一种理想状态，即假定固有的一群人和可分配的资源，从一种分配状态到另一种状态的变化中，在没有使任何人境况变坏的前提下，也不可能再使某些人的处境变好。换句话说，就是不可能再改善某些人的境况，而不使任何其他人受损

首先,农民没有足够的对自身利益表达的意识。几千年的传统,农民的内心的服从意识、奴役意识非常强烈,所以农民对自身利益表达的意识比较淡薄。由于农民对政府的依赖和表达意识的淡薄,广大农民群众很少主动进行自己利益的维护,对于自己非常需要的公共品也不会主动去争取,对于政府供给的虽然不是自己需要的公共品也默认接受。

其次,农民没有畅通的表达利益需求的渠道。村委会作为农民进行自我管理的事务组织,能够真正了解农民的利益诉求,村民的这种表达利益的渠道就应该由村委会来帮助完成。事实上,村委会却扮演了乡镇政府的执行机构的角色,由于乡镇政府的权威,村委会不得不把构建农民表达利益渠道的事情放到次要的位置,使得该组织在这方面作用的发挥受到限制。

(四)农村公共品供给资金筹集机制不完善

农村公共品的资金筹集缺少长效机制。我国农村公共品供给资金筹集长效发展机制的建立,不仅仅需要国家公共财政来保障,还需要符合市场经济规律运行要求的融资机制①。

大部分西方国家采取了通过法律制度对公共品的经费投入给予足够的保障。借鉴外国的经验,对于筹资方面工作我国也进行了大量的改进,但是事实上在此过程中常有挪用公共品建设资金的情况发生。同时,我国农村缺乏一套完整的市场运作体系,造成了农村的融资能力不平衡。用于农村公共品的财政支出无法通过市场运作的方式得以保证。因此,我们要建立以国家公共财政为主体,社会各方面力量共同参与的农村公共品的筹资体系,以此形成一个长效的筹资机制,确保农村公共品的有效供给。

(五)监督机制的缺失与错位,导致农村公共资源的浪费

在农村公共品供给中存在着过度监督和监督不足的双重问

---

① 引自李剑阁《中国新农村建设调查》,上海:上海远东出版社,2007

题。过度监督主要体现为政府对市场主体或各种社会力量进入农村公共品领域（如开办门诊部、学校等）的审批、许可条件苛刻、程序繁琐，因而限制了私人主体和民间服务主体进入农村公共品领域。监督不足一方面是指政府部门对公共资源的使用缺乏监督与管理，致使公共资源或过多用于人头费开支，或用于与农民无关的事项。另一方面是指因缺乏相应的农民参与机制，使农民不能行使对政府的供给决策行为进行监督的权利，由此导致农村公共品的不合意供给和公共资源的浪费。

第三章　农村公共品投入主体

农村公共品的特殊性决定了政府必然成为其天然的投入主体，但这并不意味着政府就是唯一的农村公共品投入主体。现阶段受公共财政限制，政府投入公共品的总量不足而农民对公共品的需求越来越大，供求矛盾突出，单一的政府供给不能满足全国范围内各个地区农民的需求。提高农村公共品的投入效率和质量，满足广大农民的需求，缓解供需矛盾，就必须要引入市场机制，根据农村公共品的层次和性质构建多元化的农村公共品供给体系，实现投入主体的多元化。笔者将农村公共品的投入主体大致划分为政府、农村社区、市场、社会力量等，本章将对各个投入主体及其投入模式进行分析。

第一节　政　府

政府代表广大公共利益，具有社会共享性，理所当然承担主要的公共品供给责任。公共品的本质属性决定了在农村公共品投入中政府处于主导地位。建设社会主义新农村的过程中，政府必须提高农村公共品供给效率和供给水平，逐步建立完善、高效的农村公共品供给体系。

一、政府投入公共品的领域

各级政府在分工的基础上，有责任供给所有公共品，但由于财力所限，政府主要供给其他力量不愿或无力进入的公共性程度较高的纯公共品和部分准公共品，而对于外部性较小的村级公共品或私人性较强的公共品承担较少的供给责任。另外，从历史的角度来看，政府提供公共品经历了一个由公共性程度最高到公共性程度逐渐降低的深化过程，只有在政府保证了公共性程度更高的公共品供给之后，才能供应公共性程度较低的公共品。

政府可以分为中央政府和地方政府，主要投入全国性的公共品、纯公共品和跨地区的公共品。中央政府主要负责两类农村公共品的投入，一类是关系到国家总体利益和农民基本权利的农村公共品，比如农村的公共安全、义务教育、基本的医疗卫生、社会保障、环境保护、民兵建设等，这类公共品涉及农民的生存安全、教育、健康、文化等基本权利，国家有责任有义务提供这类公共品；第二类是全国范围的农村公共品，比如全国性农业农村管理服务、南水北调大型水利工程、跨省的大江大河的治理、大型水土保持工程、农业科技成果推广、农业环境保护、全国性的农业信息传播、农业病虫害防治、农业基础科学研究、国防建设、国家安全等，这些公共品的投入超越了地方政府管辖的范围，必须由中央政府提供。

地方政府投入公共品的范围主要是那些本区域内的与农业、农村和农民相关的公共品。这类农村公共品在一定范围内具有纯公共品的性质，在一定范围内具有非排他性和非竞争性，比如一定区域内的农田水利建设，村政工程，农村社会治安，乡村发展规划，农村道路、电网、通讯、广播等设施建设，农村科技信息、农村法律和社区服务，供电、供气、公共卫生保障体系、养老保险和救济，农业区划、区域性的农业病虫害防治，农业技术研究与指导、良种培育、市场开发及提供供求信息等。地方政府比中央政府更贴近群众，更了解所管辖的地区的群众对农村公共品的偏好及需求数量、结构等[①]，能够根据本地区的经济发展和地域特点来确定投入的公共品的数量、质量、结构等，并且地方政府获取这些信息的成本

① 引自湖南师范大学何赛雄的硕士学位论文《当前我国农村公共品供给问题研究》，2006

比较低，难度比较小，对农村公共品的投入更具有发言权。

二、政府投入公共品的必要性与局限性

（一）政府投入公共品的必要性

政府是代表全体社会成员利益的组织，也是规模最大、覆盖面最广的组织，具有社会共享性的特征，它占有大部分的社会资源和自然资源，并且由国家赋予权力和强制力。由于政府的特殊性和特殊权力，政府必然成为农村公共品强大的投入主体。

1. 政府投入能够克服市场失灵　政府在农村公共品的投入过程中，能够克服市场失灵，重视社会公平。政府能在较短的时间内充分运用人力资源和物质资源提供农民所需的公共品。由于政府投入的筹资对象并非农民，因而避免了筹资中政府与农民的交易成本问题，由此降低了成本，有效弥补了市场供给的盲目性和自发性，减少资源浪费，提高农村公共品的投入效率。

2. 政府投入讲求公平优先原则　政府可以根据农村对公共品的需求，从宏观的角度对公共品进行有计划的投入，满足大多数农民的需求，尤其是对于农村公共品更讲求公平优先的原则，能够克服“搭便车”的行为。政府在农村公共品的投入过程中，可以通过建立民主监督机制，赋予农民权利，来避免投入中的特权等行为。

3. 政府投入能够保障投入效率　政府有公共权力，可以凭借其政治权力，通过税收及其他强制手段筹集资金，采用多种方式提供公共品，从而天然地解决了公共品投入中的市场失灵问题。要弥补市场失灵，解决社会公平等问题，农村纯公共品和部分准公共品必须由政府投入，才能保障投入的效率，才能满足广大农民多层次的需求。

（二）政府投入公共品的局限性

政府被公认为是农村公共品天然的投入主体，但随着对农村公共品认识的深化，人们也认识到政府投入农村公共品也存在一

定的缺陷，虽然政府投入农村公共品在一定程度上克服了市场失灵，但是同样在农村公共品投入过程中也存在着政府失灵。

1. 各级政府之间责任划分模糊不清 我国地方政府分为省、市、县、乡四级政府，中央政府和各级政府的权责划分不明晰，必然降低农村公共品的投入效率。在多元化投入主体中，高层级的政府将农村公共品的投入责任逐步转嫁给下一级政府，而基层政府又无力承担过大的公共品的投入责任，尤其是乡镇政府在本身缺乏财力的情况下，还要承担本应该由上级政府投入的公共品，上级政府没有或只给予了较少的资助，基层政府只有求助于非规范性收入来解决。基层政府的财力不断萎缩，也成为农村公共品投入的瓶颈。

2. 政府对公共品的投入受财力限制 农村公共品投入的资金来源完全依靠政府公共财政力量，即政府财力的大小直接影响了政府对农村公共品的投入能力的大小。任何国家政府都不可能完全承担全社会的公共品的投入。政府不只是负责公共品的供给，还要负责社会其他各方面的发展，如果单纯地依靠政府投入公共品，必然造成投入效率低下，供给不足。此外，各级政府的财力差距很大，大部分农村地区的基层政府基本不具备财政能力，多数处于向上级政府“讨钱”，严重制约了基层政府投入农村公共品的能力。

3. 各级政府在投入公共品的过程中存在“偏好” 在社会管理过程中，由于缺乏有效的群众监督机制，政府的公务人员也具有理性的“自利动机”，政府也存在道德风险和“寻租”行为。政府公务人员在掌握较多公共管理信息的情况下，制定有利于自身利益的政策。政府公务人员在农村公共品投入过程中，不自觉地掺入个人偏好和集团偏好，甚至有人利用政府权力的特殊性来满足自己的私利，从而导致农村公共品投入分配的不公平性和低效率。同时，长期以来我国以工业发展为重点，城市和农村发展不均衡，或多或少地受重工轻农思想的影响，政府在投入公共品时也存在着城市偏好，更多地将公共品投入城市。

4. 政府投入不能满足农民多样性的需求　政府投入的公共品结构单一，效率低下，而经济社会发展和新农村建设过程中，农村需要更多的、质量更好的公共品，并且农村对公共品的需求更新越来越快。我国地域广阔，农民对农村公共品的需求有很大的地域差异，各地区对农村公共品的需求具有很强的区域性。政府受财力限制以及社会其他方面更多责任的限制，不能满足全国范围内各个地区农民的需求，不能确切了解各地区农民的偏好，不能准确把握公共品供需趋势。

5. 政府公务人员缺乏责任意识　政府投入农村公共品的资金由国家财政支付，而且政府公务人员的工资水平与公共品投入的效益不挂钩，不受公共品投入收益的影响，所以政府公务人员在公共品生产和投入过程中缺乏责任感，对于在公共品生产投入中的损失浪费，政府公务人员也不需要承担相应的责任。政府对农村部分公共品的垄断，使得政府投入公共品过程中缺乏竞争机制，加之政府公务人员缺乏责任意识、服务意识、效益意识，造成公共品投入的资源浪费和效率低下。

三、政府投入公共品的绩效分析

(一)效率分析

从投入公共品的效率标准来看，政府投入公共品的效率与非效率并存。一方面，由于公共品具有非竞争性和非排他性特征，这种特殊性使公共品领域存在市场失灵现象，而政府可以凭借政治权利和国家赋予的强制力，通过税收等多种手段来筹资，从公共财政上保障农村公共品的投入水平，采用多种方式提供公共品，从而天然地解决了公共品供给中的市场失灵问题。另外，由于政府投入公共品的筹资对象并非农民，因而避免了筹资中政府与农民的交易成本问题，由此降低了成本，提高了政府供给的效率水平。

另一方面，公共品供给中的政府失灵现象存在，自上而下的供给和决策方式很难满足农民日益增长和不断更新的需求，从而导致提高效率所需要的交易成本很高，导致政府投入效率低下；政府对农村纯公共品投入的垄断性以及成本效益观念的缺失引致政府供给的低效率以及权力腐败行为；政府无法排除“搭便车”行为；政府的理性经济人特征使其追求自身利益最大化而非社会利益最大化，从而导致供给结构失衡并造成社会福利损失；行政成本攀升而造成效率损失等。

（二）公平分析

从投入的公平标准来看，政府可以根据社会需求，从宏观的角度对社会公共资源进行有计划的统一配置，重视社会公平，尤其是对于农村公共品更讲求公平优先的原则。但由于经济发展的客观限制和政府供给的个人偏好、集团偏好及城市偏好，也造成了公共品在城乡之间和农村区域间的不公平供给。

（三）供需适应性分析

从供给与需求的适应性来看，政府投入的模式是按照“中位偏好”原则来提供公共品的，可以满足多数农村居民的需要，但因缺乏对农民不断变化的需求做出迅速反馈的机制，致使“强制搭车”现象存在，因而又难以满足农村居民对公共品的多样性需求。政府作为理性经济人出于政绩需要，所供给的部分公共品不符合农民需求，同时又注重符合农民长远需求和具有战略意义的公共品供给，使供给与需求又一定程度上存在动态适应性。

四、完善政府投入公共品的机制

（一）明晰各级政府在农村公共品投入中的责任

目前，政府投入农村公共品过程中，一些本应由上级政府提供的农村公共品，上级政府却凭借对下级的政治权威转给下级政府，出于事权压力大和追求经济利益最大化的动机，中间一级政府又将责任转嫁给基层政府。要避免这种投入责任层层转移的情况，就必须根据农村公共品层次差异，明确各级政府投入农村公共品具体的职责范围，建立责权对等的农村公共品供给制度。覆盖全国范围的农村纯公共品，由中央政府及各省级政府加大投入力度，而地方性的农村公共品，应由相应层级的地方政府加大投入力度，部分外溢性的农村公共品需要各级政府共同提供。我国税费改革后，乡镇政府财政不足，主要负责投入乡镇管理和服务类公共品。

（二）建立优化的政府财力转移支付制度

农村税费改革后，农村公共财政受到很大冲击，乡镇基层政府财政明显不足。弥补乡镇基层政府财政不足的主要方法就是转移支付制度，尤其对于贫困地区，国家更要加强转移支付力度。首先要建立横向转移支付制度，促进地区间的均衡发展。改革开放以来，我国经济发展十分迅速，但地区间差距逐渐拉大。发达地区与贫困地区的差距是由经济、文化、体制、地理位置和政策环境等多种因素长期作用形成的。目前政策中，采取部分发达地区与贫困地区对口扶贫的措施，但无法从根本上解决地区差距拉大的矛盾。所以，政府必须通过再分配手段缩小地区差距，从而遏制地区间贫富差距拉大的趋势。

但是，如果贫困地区的农村公共品的投入只单单依靠当地政府的财力，本地区的农村公共品依然无法保证有效的投入，地区间农村公共品的投入水平将会进一步拉大。所以要实现地区间均衡发展，共同富裕，就要建立横向财政转移支付制度，扩大转移支付的范围，增加转移支付的数量，建立针对农村基层政府的转移支付框架，使不同地区间公共品投入水平基本均衡，体现社会公平和公共服务均等化的原则。

（三）纠正各级政府的“偏好”，约束政府公务人员的自利行为

各级政府在公共资源的分配和投入中都存在个人偏好和集团

偏好，对于农村，政府有城市偏好。因此，调整各级政府的财政支出结构，使公共财政向农村倾斜，以培养政府的“农村偏好”，优化政府提供农村公共品的行为。在约束政府公务人员的自利行为上，首先在乡村组织中建立农民对农村公共品的需求表达机制，真实表达农民的需求意愿，减少政府公务人员投入农村公共品的随意性。其次完善政府公务人员的考核聘用制度，提高政府人员业务素质水平。通过对政府人员政绩的绩效评价以及农民的认可度，以此来决定公务人员的升迁和奖惩，约束政府公务人员对农村公共品“随意投入”的行为，树立其“合理配置”的思想，完善政府问责制度，提高政府公务人员的责任感。在政府行使权力过程中，确保行政的透明度，扩大农民的知情权，充分发挥农民的参与决策权。

（四）规范政府的角色定位，着力培育政府主体的竞争力

政府在农村公共品投入过程中，代表着公共利益，其权利是由社会成员赋予的，政府所扮演的角色是为社会公众服务的组织。然而政府在履行农村公共品投入职责时，政府的角色定位与其责任价值相冲突，政府公务人员无法完全摆脱自利动机，在投入公共品过程中不仅要维护公众利益考虑公众价值观，还要维护政治组织机构等阶层的利益和个人利益。要使政府履行职责时真实体现农民的公共利益和需求，就必须完善政府管理体制，强化政府公务人员责任意识，加强对政府行为的监督。在纯公共品供给中，政府居于垄断地位，要提高投入效率就要引入竞争机制，创新公共管理理念，提高政府在农村公共品投入中的竞争力，打破政府长期垄断低效供给的局面。

【资　料】

政府投入农村公共品的举措及成效

政府为农村提供的公共品种类很多，范围也较广，现着重从以下几个方面来说明当前我国政府供给农村公共品的情况。

1. 农村公路“村村通”工程

近些年来，在党中央和政府的领导下以及各级地方政府的积极探索与实践下，农村公路“村村通”工程取得了令人瞩目的成就。据《第二次全国农业普查主要数据公报》，到 2006 年末，全国通上公路的村就占到了全国农村的 95.5%。自 2006 年国家实施“五年千亿元规划”起，连续 5 年共投资 1 000 亿元修建农村公路。在全国统筹城乡发展的方略下，仅 2007 年与 2008 年两年全国建成的农村公路就超过了新中国成立以来农村建设沥青路和水泥路的总和。其中，2007 年全国新建与改建的农村道路就超过了 30 万千米。农村公路“村村通”基本实现，为农民的生产生活带来了极大的方便，为农村公共服务的社区化以及农村公共品的投入拓宽了渠道。

2. 农村电力“村村通”工程

农村电网是农村重要的基础设施，关系农民生活、农业生产和农村繁荣。“十一五”期间南方电网县级电网建设投资约 600 亿元，建设 110 千伏、35 千伏、10 千伏及以下输配电网，其中建成 110 千伏和 35 千伏线路约 4 万千米，变电容量约 5 800 万千伏安，使县级电网具有安全可靠的供电能力①。根据《第二次全国农业普查主要数据公报》，到 2006 年末，全国已经有 98.7%的村通上

① 引自新浪博客，2008 年 8 月 26 日的《农村“村村通”工程——世界规模最大的农村改造项目》，http://blog.sina.com.cn/s/blog_5a53af350100as9g.html

了电。农村电力“村村通”工程基本实现。自1998年实施农村电网改造、农村电力管理体制改革和城乡用电同网同价以来，我国农村电网结构明显改善，供电可靠性显著提高，农村居民用电价格大幅降低，为农村经济社会发展创造了良好条件①。

2011年1月5日，国务院总理温家宝主持召开国务院常务会议，决定实施新一轮农村电网改造升级工程。在具体实施方面，国家能源局要求，农村电网改造要按照“统一规划、分步实施，因地制宜、突出重点，经济合理、先进适用，深化改革、加强管理”的原则，通过3年左右的努力，基本建成安全可靠、节能环保、技术先进、管理规范的新型农村电网②。

3. 农村广播电视“村村通”工程

广播电视是一种非常重要的信息获取渠道，它是农民群众与外界沟通信息的桥梁，对农民个人以及农村整体的发展有着至关重要的作用。1998年党中央及国务院为解决广大农民群众看电视、听广播难的问题，启动农村广播电视“村村通”第一轮工程(至2005年结束)。2006年，党中央、国务院决定继续实施广播电视“村村通”工程，启动了“十一五”全国广播电视“村村通”工程建设，解决了全国71.66万个20户以上已通电自然村“盲村”群众听广播、看电视难的问题，并提前两年半实现中央广播电视节目“十一五”农村无线覆盖目标。

在“村村通”工程带动下，我国广播、电视人口综合覆盖率分别从1997年的86.02%和87.68%提高到了2009年的96.31%和97.23%。20户以上“盲村”建设又使5000多万“盲村”群众听到

① 引自新华网2011年1月5日的《国务院常务会议决定实施新一轮农村电网改造升级工程》

② 引自经济日报2010年11月30日登载的文章《新一轮农村电网改造大幕将启》

了广播看上了电视①。“十二五”期间，国家将继续大力实施广播电视“村村通”工程，进一步巩固提高农村地区广播电视覆盖率和农村群众收听收视质量和水平，力争实现广播电视“户户通”。

4. 农村电话“村村通”工程

发展农村通讯能够推动我国农村信息化建设、带动农村经济发展，促进农村社会发展、改善农民生产和生活质量，对农村地区救灾防灾、维护社会安定起到保障作用。2006年1月至11月，全国行政村通电话比重达到98.8%。2007年，“村村通”工程在云贵川、陕甘、青藏等7个自然条件相对艰苦的西部省区重点展开攻坚战。至此，全国(除西藏外)行政村通电话问题基本得到解决，农村通讯发展水平迈上新台阶。截至2010年，全国行政村、20户以上自然村通电话比例分别达到100%和94%，实现全国100%乡镇能上网，其中99%的乡镇和80%的行政村基本具备宽带接入能力，全国近一半乡镇建成“农信通”、“信息田园”、“金农通”等全国性农村综合信息服务平台，涉农互联网站近2万个②。

农村电话“村村通”工程在显著改善农村通讯基础设施的同时，也带动了农村互联网建设的突飞猛进。农村电话网与互联网的发展相得益彰，构成了农村信息服务的基础平台和主渠道。

① 引自中国政府网2011年1月28日的《广播电视村村通工程：切实保障农村群众基本需求》

② 引自中华人民共和国工业和信息化部2011年4月25日发布的《全国村村通工程“十一五”总结暨“十二五”启动大会》

【案　例】

江苏省启东市村级公共服务中心的建立①

江苏省启东市新组建的村级公共服务中心在新型农村公共品政府投入方面具有典型性和示范性。2006年7月，启东市专门出台的《关于在全市全面推进村公共服务中心建设的意见》文件，明确要求全市所有行政村按统一时间要求，高起点、高标准、高质量完成中心建设任务。全市267个行政村仅用4个月时间全部建成村级公共服务中心。

在“不调用村组集体积累、不动用一事一议资金、不新增村级负债”的“三不”原则指导下，2006年年底政府组织449家市(县)级以上文明单位和部分工商企业与267个行政村结对联创共建村级公共服务中心，累计捐赠资金和各种物资近7 000万元，通过“万人联创共建新农村”活动实施了576个具体帮扶项目。政府有关部门采取了舆论褒扬、情感回馈、政府表彰、政策引导等多种方式，鼓励社会力量参与村公共服务中心建设。

政府统一规划和配置了村级公共服务中心的软件硬件设施。服务中心一般开设4大类、20个左右的公共品服务项目：由政府各部门提供的公共服务，包括农技推广、就业培训、文明创建、治安防控、计生指导等项目；由城市各界、社会力量提供的准公共服务，包括结对帮扶和结对共建，提供体育健身、书报阅览服务，辅导群众文体队伍等；由群团组织开展的互助服务，包括矛盾纠纷调解，评选农村文明新风典型，专业协会活动等；由有关企业提供的便民、放心服务，主要有农资供应、电影放映、商品超市、大宗农副产

① 本案例取自华中农业大学吴春梅的博士学位论文《转型期中国农村公共品供给体制改革研究》2007.5，笔者进行了删减和整理

品收购等。采用面向农民真实需求的公共服务提供方式。

2005年，启东市文明办面向农村基层干部和农民征集到2 602条意见，其中80%左右是“改善公共服务”，主要有提供农产品市场信息、致富知识和转业培训，解决农村环境脏乱差、文化生活贫乏、迷信赌博成风、社区治安差、看病难、看病贵、学校危房、购买种子化肥农药不放心等问题。中心针对农民最关心和最迫切的现实需求，已基本实现了面向全市农民的“六个不出村”、“五个不收费”、“六所育民学校”、“三室五家”等系列优质服务提供。

“六个不出村”：即小病就诊和计生药具服务不出村，购买农资和日用商品不出村，农技咨询不出村，大宗农副产品销售不出村，矛盾纠纷调解不出村，电信交费和信件邮寄不出村。

“五个不收费”：即村民看病就诊不收挂号费，村内通话不收电话费（村级内部建立虚拟网），科普办班不收培训费，娱乐活动不收场租费，计划生育、就业指导不收服务费。“六所育民学校”：即农技学校、法制学校、人口学校、文明礼仪学校、就业创业培训学校、现代远程教育学校。

“三室五家”：即阅览室、乒乓室、棋牌室和青年之家、民兵之家、妇女之家、老干部之家、党员之家（沈威宇，2007）。启东市村公共服务中心网的组建，标志着村级公共服务体系的初步建成。在村级公共品供给严重短缺和新农村建设不断深入的背景下，村公共服务中心网的组建具有里程碑意义。服务中心还需要进一步依法规范需求表达渠道、民主决策程序和方法、供给责任制度、民主监管等，进一步从制度上保障农村公共品的供给效率。

第二节 农村社区

农村社区是农村基层管理和服务的基本单元，是农民长期居住、生产和生活的社会实体，它包括一定数量和质量的人口，以及由这些人所构成的社会群体和社会组织，还包括一定的地域和人们赖以进行社会活动的生产资料和生活资料。农村社区相对于各级政府而言，更能深入地了解农民对公共品的偏好和需求等，能够及时为农民提供公共品。新农村建设过程中，农村社区应充分发挥主观能动性，主动承担农村公共品的投入责任。

一、农村社区投入公共品的领域

农村社区对公共品的投入是基于本生活区内的居民实际需要，把农村公共品的投入集中到以一个行政村为中心的区域内。农村社区投入的公共品除极少数由政府提供的纯公共品外，大部分是准公共品。农村社区内居民的生活水平、文化程度、风俗习惯、宗教信仰等方面相似性较高，对公共品的需求也相对一致。在农村公共品投入中，一些准公共品依靠政府提供是不现实的，而个人力量有限，无法充分利用和整合资源，所以比较有效的方法就是把农民组织起来，由农村社区负担此类公共品的投入，在农民自愿的基础上按照“谁受益，谁负担”和“量力而行”的原则，通过筹集公共品的“一事一议”机制，由农民按照受益程度的大小进行分摊、集资。

农村社区应负责村落范围内，与村民的生产、生活密切相关的农村公共品的投入，如与社区内农民密切相关的路灯、道路、垃圾处理、环境保护、老弱病残的照料服务、文体娱乐休闲及生活便利服务、社区村民间生活生产的自助服务、社区教育等事务，维护社区内的治安、调解民事纠纷，村民生产、就业的指导和服务等。此外，社区有责任提供社区内具有外部效益的农村公共品，如村落内的农业病虫防治、农田灌溉、湖泊的渔业资源利用，村内水利工程，农业科技信息服务，农技推广和农业机械推广等。

二、农村社区投入公共品的必要性与局限性

（一）农村社区投入公共品的必要性

农村社区是农村基层组织，相对于各级政府，更能深入地了解农民对公共品的偏好和需求数量、结构等基本情况。农村社区的有效投入是对政府投入的补充，也是农民参与供给与自我治理的平台，并且也将成为农村公共品投入的主要力量之一。

1. 有利于提高公共品的供给效率　我国地域辽阔，发展呈现出多层次性，不同地域的农村居民对公共品有着不同的需求。如果完全由中央政府按照统一模式供给，必定会造成低效和浪费；而市场只能供给一部分准公共品。对于社区而言，农村社区深入农民之中，与其他主体相比更接近于农民，也就是说，社区更加了解辖区内居民的需求偏好，能准确把握公共品供需趋势，满足农民对公共品不断增长变化的需求。因而农村公共品的社区供给不失为一种有效率的供给方式。

2. 有利于节省公共品的交易成本　农村社区供给具有自愿性、补充性、排他性等特点，农民以自愿的方式参与公共品的供给。这种模式能够聚集资金，实现了农村公共品投入者、决策者和消费者的高度统一，可以将融资的收益与风险结合起来，克服个人“搭便车”的行为，由于简单的程序、节省的时间和农民间相互信任，降低了成本交易费用，减少农村公共品生产、决策、投入的费用和成本。

3. 有利于提高公共品的供给质量　农村社区内强大的规范和互惠性参与网络，农民之间的血缘性和地缘性关系密切，有很强的互惠性，基于相互信任的基础，农民间的合作很容易形成。正是在

信任、规范和网络的相互作用下，最终形成社区的公共精神，还能够克服公共品的外部性特征。农村社区内农民有相似的生活水平、文化程度、风俗习惯等，有共同的利益，因此当面对共同问题时，他们可以团结合作起来进行农业生产活动，从而提高社区组织的适应性、应变力和解决问题的能力，提高农村公共品的投入质量。

4. 有利于调动多元主体参与公共品供给的积极性 农村社区的管理人员和公务人员与社区内农民共享社区发展成果，他们重视农民对他们工作绩效的认可度，很少存在自利动机和个人偏好，能够实现自我约束。农民参与管理本社区的公共品供给和其他事务，能够激发他们的自我管理意识和积极主动性，提高他们的责任感，并进行有效的监督，减少权力的滥用，提高公共品供给效率。

（二）农村社区投入公共品的局限性

农村社区对公共品的投入有一定的地域性，受益者被局限在本地，导致农村社区治理出现种族歧视和狭隘意识。我国实行土地承包责任制以及取消农业税以后，农村社区的经济功能弱化，经济基础薄弱，多数处于“空壳村”状态，没有集中的资金来源，农村社区对农村公共品的投入也存在局限性。

1. 非正式关系的存在导致公共品投入不足 农村社区居民在社会交往过程中，主要依赖社会资本发展社会关系，重视非正式的社会关系和制度。农民交往借助于非正式的规则，这种背景下社会非正式关系对农民没有法定的约束力，只能依靠农民自觉遵守。在农民自愿供给自我筹资过程中，有些农民不愿甚至不会出资，尽管社区其他成员对其有一定的舆论压力，但社会资本下的非正式关系不具有约束力和强制性，农村社区的投入缺乏保障。由于农村社会资本存在并占有重要地位，在农村社区管理过程中存在着排斥外族的现象，对外族或异姓群众排斥歧视，形成家族势力，影响了不同族姓之间、村与村之间的和睦。

2. 集体经济能力的弱化导致公共品投入不足　我国实行家庭联产承包责任制后，农村社区的管理和经济功能逐渐弱化。另外农业税取消后，农村社区的经济能力进一步弱化，国家的支付转移制度目前还不完善，对农村社区的筹资补助有限。随着经济社会的快速发展，农民的生活水平和生活质量不断提高，对农村公共品的需求也不断提高。农民对公共品的需求已经从物质层次上升到精神层次，对教育、文化、娱乐等公共品需求越来越大，农村社区管理的成本也越来越高，很多贫困地区的农村社区只能负债运转。当然，在东南沿海一些富裕的地区，经济的快速发展带动集体经济的发展，一些集体企业成为社区的主要经济来源，公共品投入的水平和效率不断提高。一些没有发展集体企业或者集体企业经济不景气的地区，农村地区缺乏集体收入，农村社区的投入必然会出现不足的情况。

3. "一事一议"制度的不健全导致公共品投入不足　农村社区公共品投入主要通过"一事一议"的制度实现，这种制度在公共品投入中起了很大作用，但是，在执行过程中也存在一些缺陷。所谓"一事一议"，是指在农村社区兴办本社区内的集体公益事业、投入公共品时，所需资金和劳务要通过社区村民大会或者村民代表大会集体讨论、研究，实行专事专议的办法筹集部分资金①。"一事一议"制度执行的交易协调成本较高，现阶段，农村劳动力大量外出打工，无法集中开会讨论；农民对公共品的需求也不尽相同，都有利己的动机，意见很难一致；农村社区的管理人员一般由本村内村民产生，其素质水平有限，本着规避风险的态度，积极主动性不高，"一事一议"制度的执行不力。根据"一事一议"制度的规定，农村社区筹集的资金比较少，无法支付大额的开支。现实操作中，"一

① 引自西北大学王永莲的博士学位论文《我国农村公共品供给机制研究》，2009.6

事一议”制度执行有一定的困难，仅靠“一事一议”制度无法实现农村公共品的有效供给。

三、农村社区投入公共品的绩效分析

农村社区投入农村公共品是由农村社区的各种力量进行村级公共品的投入，主要包括：基于村集体经济和村民委员会组织的供给，即通过村集体经济或农民集资方式供给；农民合作供给，即通过组建各种农民合作组织进行具有俱乐部产品性质的农村公共品供给，如各种农民合作组织在农业技术指导、提供市场信息等方面都发挥着重要作用，社区成员自愿加入或退出组织，社区管理组织所提供的公共品也仅仅局限于组织内的成员；社区内个人或村庄精英供给，即由村庄经济精英和政治精英以及华侨、企业家等个人依靠自身实力或争取外援的方式为社区提供一部分农村公共品。

(一)效率分析

从投入的效率标准来看，一方面农村社区投入有着较高的供给效率水平，具体表现为：一是一定程度上弥补了市场投入的缺陷和政府投入缺位；二是供需信息准确可靠，公共品的投入更贴近农民的真实需求，从而降低了供给方面的交易成本。另一方面，不同农户之间在收入水平、收入结构和经济活动等方面存在一定差异性，这种差异使得农户对公共品的需求意愿存在着差异，筹资成本承担能力也存在一定差异，由此导致“一事一议”的筹资协调成本较高，从而降低了农村社区投入的效率水平。另外，农民合作组织以及村庄精英供给也存在着筹资成本较高的问题。此外投入稳定性差，缺乏可持续的投入机制。目前，薄弱的农村社区经济，较低的农民收入，不规范、覆盖面较小的农民合作组织，不可持续性和不可移植性的村庄精英供给等，都影响着公共品投入的效率水平。

(二)公平分析

从公平标准来看，一方面，农村社区注重对村集体经济资源和各种社会资源进行统一配置，面向社区内所有农民或合作组织所有成员平等地供给公共品。另一方面，成本承担存在不公平性，主要体现于“一事一议”的公共品资金筹集制度。因为这种筹资方式很难体现农民的需求差异与收入水平差距，只能均等化地承担公共品成本。

（三）供需适应性分析

从供给与需求的适应性来看，由于同一社区的农村居民在公共品的需求和利益方面一般都具有一定的同质性，在社区范围内，人数相对有限，成员相对稳定，是个“熟人社会”，拥有“地方性知识”优势，当地农民能够有效表达自己的意愿，从而使供给与需求高度匹配。但由于家庭承包制使农村社区丧失了集体经济基础，村集体凭借自身经济实力供给公共品的情况少而又少，而“一事一议”制度、农民合作组织和村庄精英供给又存在资金筹集困难，因而导致村级公共品供给总量不足，农民的多样化需求不能得到全面满足。

四、完善农村社区投入公共品的机制

农村社区已经成为公共品重要的投入主体，很大程度弥补了政府失灵，但农村社区的投入模式也有自身的缺陷，需要进一步完善，以发挥更大作用，保障农村公共品的有效供给。

（一）完善社区内村规民规的制度建设

农村社区内的规章建设是新农村文化建设的重要内容，社区管理应当以农民易于接受的方式制定，以此来约束规范村民的行为。得当合理的村规民规不仅能克服农村非正式关系交往行为的不确定性，同时还能赢得村民对社区的认同，增强村民归属感，有助于提高集体行为能力。社区管理过程中，避免家族势力，防止世袭的社区管理而造成排斥外族和异姓群众，影响社区团结和睦。

(二)拓宽社区内经济来源和筹资渠道

农村社区的公共开支随着经济发展和生活品质的提高而越来越多。在目前国家财政支持力度较小的情况下,农村社区必须拓宽筹资渠道,增加社区稳定的收入来源。农村社区可以通过村集体资源出租来扩大社区的收入。现阶段农民劳动力转移到城市就业,村集体承包的土地以及一些回收归村的土地,包括集体所有的树木、资源都可以出租,弥补社区公共财政。社区内可以建设具有典范的、示范性的项目,获得上级政府的财政资助。同时社区还要尽力争取当地企业或个人的捐助,为公共品的筹资做补充。

(三)加强农村社区基层民主管理建设

新形势下应当加强基层民主建设,实现村民自治,使农民对社区内重大事件有知情权、参与权,增强农民对社区管理干部的信任。重视村组干部的作用,选举合适的人到管理队伍中,培养社区精英阶层,把那些有爱心真正热衷于公益事业的人、有企业家才能的人、有领导能力的人选出来建设社区,保证公开透明的选举程序,真正体现农民的意志。精英阶层要充分发挥其优势,保持畅通的信息渠道,协调内部关系,充分发挥他们在公共品投入中的组织者协调者的作用,不断拓宽社区的经济来源,增加农民收入。

【案　例】

五祖镇自来水项目的社区供给模式[①]

湖北省黄梅县五祖镇位于大别山的尾峰,该地区属于丘陵地带,有丰富的水利和矿产资源。近几年来,一些东南沿海省份的大理石材企业纷纷进入该镇。多家企业在该镇沿山以东地区设立大

① 本案例摘自华中科技大学王书军的博士学位论文,《中国农村公共品供给主体及其供给行为研究》2009.6,笔者进行了删减和整理

理石材厂,生产大理石板。在生产过程中,这些大理石材厂采用粗放式的生产方法,生产过程中产生巨大噪声和灰尘,对当地环境造成了严重污染。最严重的是浸泡石板的废水,随意倾倒严重影响了河水的质量,使农民用水受到很大程度的破坏。由于用污染的河水灌溉,部分地区的庄稼甚至颗粒无收。

在这种情况下,一些村民自发联合起来与工厂交涉,甚至发生冲突。村民多次与当地政府反映都没有有效地解决,主要原因在于镇政府将这些大理石材厂列为招商引资重点单位,这些工厂每年都向镇政府缴纳一定的生产许可金。后来一些村民强烈阻止石材厂生产,地方政府协调解决水污染问题。经过多方协商,石材厂才愿意提供一定的资金作为水资源污染的补偿,让村民自己修建自来水(但石材厂提供的资金所占比例在修建自来水所有资金中不到1/5)。

补偿的资金到位后,由于附近村民饮用水污染程度不一样,污染程度较小的村民提出分配资金而不修建自来水塔。通过多次讨论,240户村民以及村党委书记达成一致意见,补偿资金只能用于修建自来水项目。

在后来的修建过程中,一些老党员、有一定声望的同志组织村民考察水源,购买建设材料,平均每户出资600元用于购买水管、水泥等物品,每户平均分摊劳动量,外出打工或者没有劳动力家庭通过协商按每天20元价格代替出工。在30多天的自来水项目修建过程中,户主通过讨论甚至激烈的争吵达成了一系列的协议,包括统一管理资金、统一购买材料,制定用水规则,以及新的家庭进入条件、修建后的维护等。

整个工程从实施到完工都是在村干部带领下村民自己协商完成。在协商过程中,村内具有一定声望而且具有正义感的干部和村民发挥了较大的作用,由于这些人的坚持和鼓励改变了一些曾经要求退出的村民,使项目最后能够顺利完工。240户中有14户家庭属于特别困难户，由于不能提供600元钱主动要求退出，村民经过商量后主动免除他们的资金。

第三节 市 场

虽然政府是农村公共品的天然供给者，但在公共品投入的过程中存在着政府失灵，导致农村公共品投入不足。理论与实践表明，在某些公共品投入领域引入市场机制，在政府指导下由一些私营部门投入公共品，形成市场化供给主体，有助于提高农村公共品的供给效率。

一、市场投入公共品的领域和方式

（一）市场投入公共品的领域

市场投入的农村公共品主要是准公共品。由于纯公共品具有规模大、成本高的特点，政府可利用其社会自然资源和政治权力来有效地提供。那些具有排他性、外部性不强、交易成本低、易收费又有利可图的农村准公共品完全可以按照市场运行的原则由市场投入。这些准公共品的规模和范围一般较小，涉及的需求数量有限，因此交易成本较小，私营部门愿意对这类公共品供给。

具有排他性的准公共品，农民对其消费具有竞争性的特点，市场可以通过对这类公共品进行收费从而实现有效投入，激励私人市场投入某些公共品，同时还可以排除“免费搭车”的行为，减少了因免费消费而导致农民对此类公共品的过度需求。比如农村的电力、小型水利设施，地方性公路和桥梁等基础设施的建设，农业机械的提供和服务，农业科学研究和技术推广，农产品市场信息，农村基础教育，农村医疗、养老保险，农村社会救济，农村生态环境保护，村庄绿化等，可以由市场高效有序地供给。

(二)市场投入公共品的方式

1. 私营部门直接投入　农村公共品的投资、生产、投入等由私营部门独立完成，私营部门向消费者收取一定的费用。市场机制下投入的农村公共品主要是一些具有消费排他性而进入成本又不高的准公共品，私营部门完全可以按照市场运行机制直接投入这些公共品。例如在农村，私营部门对农村医疗服务等投入十分普遍，私营部门通过收费实现消费的排他性。但是私营部门投入农村公共品的过程中必须遵循市场运行的原则，遵守相关的法律法规，约束自身的行为，保证公共品的质量。

2. 政府授权私营部门投入　这是政府将一些垄断行业的资本商业化经营的投入方式。对于农村一些有规模经济的垄断行业，如农村电信电力、能源开采等，政府可以将垄断性特权给予某一私营部门，被授权者在这一特定领域提供特定服务，禁止其他私营部门自由进入。这种投入公共品的方式适合可收费且排他成本低的公共品，一方面有利于政府对这一领域的管理和规制，减少政府负担，另一方面保护了被授权部门的利益，同时可以有效地对被授权部门垄断产品的价格进行限制，保证消费者的权益。

3. 政府签约私营部门投入　对于一些有排他性、收费不太困难的农村公共品，政府可以通过公开竞争招标、承包、租赁和托管等方式与私营部门签订经营合同。私营部门按照政府意图或合同提供公共品。一些农村纯公共品也可以采取合同承包的方式投入，由私营部门生产建设，然后由政府部门经营管理。这种投入方式既减少了政府财政负担，又扩大了消费者的选择范围。

4. 政府补贴私营部门投入　政府可以通过直接补贴或间接补贴的方式鼓励私营部门投入农村公共品，如投资参股、减征免征税收、按业务量补贴、提供低息甚至无息贷款、提供优惠借款担保、无偿或低价提供土地等。这种方式下一切由市场供求关系决定，不需要政府监管，同时能弥补政府财政不足，提高供给效率。采用这种投入方式的农村公共品一般有外部性特征，盈利性不高或者风险较大，主要包括农村养老保险、农村医疗保险、农科站、农机站、文化站等，私营部门可以向消费者收取费用实现盈利。我国大部分农村基层财政不足，尤其是西部地区，无法提供更多的公共品满足农民的需求，政府可以制定优惠政策鼓励吸引私营部门投入公共品，以满足广大农民的需求。

二、市场投入公共品的必要性与局限性

（一）市场投入公共品的必要性

市场投入模式是以实现具有私人独享性的个人利益为核心的机制。“市场失灵”只是表示市场单独作为唯一的公共品投入主体的非效率性，并没有否定市场作为参与主体在公共品投入上具有效率的可能性。由于大部分农村公共品以准公共品形式存在，既有公共需求也有私人需求，而私人需求即对应着市场投入公共品的存在，市场已成为农村公共品投入中不可或缺的主体。

1. 市场投入能够弥补政府失灵 政府的公务人员也具有理性的“自利动机”，制定有利于自身利益的政策，也存在道德风险和“寻租”行为。某种程度上政府投入公共品是一种政治行为，其成本甚至比市场交易还昂贵，这就给市场进入农村公共品领域提供了可能性。同时，政府可以根据市场供求力量的比较，依据市场平均利润率水平，调节公共品市场价格机制，通过制定相应的政策措施，将市场资本吸引到公共品领域来，从而缓解公共品投入中的资金短缺。

2. 市场投入能够增强竞争意识 在农村公共品供给中引入市场机制，私营部门通过市场方式投入公共品，有利于经济社会效率的提高。在投入公共品过程中，市场合理地进行资源配置，力求达到最优化，减少了资源不必要的浪费，提高投入效率。农村一些具有竞争性的公共品，通过市场力量可以降低成本，提高效率。私营

部门以利润最大化为追求目标，所以会努力实现利益、降低成本，不断提高效率。私营部门通过竞争向政府证明自己能够更有效地供给公共品。根据市场规律，投入同一公共品的各私营部门相互竞争，优胜劣汰，促进市场经济的发展，提高资源的有效利用。竞争机制的导入降低了投入成本，并且实现有效供给。

3. 市场投入能够克服“搭便车”的行为　私营部门通过市场方式投入公共品，这个过程中他们依然追求的是利润最大化而不是福利最大化，所以他们投入公共品按成本合理收费，克服了“搭便车”的行为。同时还能够满足农民对公共品多样化需求以及超额需求，这是政府投入所不能实现的。

（二）市场投入公共品的局限性

市场对资源可以进行有效的配置，可以通过价格机制较优地分配资源。农村公共品的私人需求给市场投入公共品提供了条件，但是目前我国市场机制发展不够完善，在投入农村公共品的过程中仍存在着缺陷。

1. 市场投入公共品导致资源和效率的损失　市场机制的引入为政府扩大公共服务提供了新的方式，但是市场也会失灵，不能解决政府失灵带来的所有问题。由于市场以追求自身利益最大化为目标，市场这种本质就决定了在投入农村公共品时必然会对消费该公共品者收费。农民消费意识落后，加之残留的封建小农思想，对于收费的公共品就不会去购买或者很少购买。所以由私营部门通过市场方式投入时，就会导致公共品闲置。

市场本身存在着不完全竞争，信息不对称，交易成本高，社会不公平等问题，容易造成市场失灵。政府授权一些私营部门特许经营，在特定领域提供特定的服务。私营部门对这一领域内的公共品的供给就可能形成垄断，凭借这种优势私营部门可能会提高公共品的准入价格，损害了农民的利益，降低了公共品投入效率。

2. 市场投入公共品的种类较少，范围较窄　市场依据消费者的偏好进行资源有效配置，同样地投入公共品也以消费者偏好为依据。但当消费者对某些公共品无法表现偏好时，如国防等，市场就无法有效配置和供给。由于公共品特殊的效益性，个人利益与社会利益无法实现高度的一致，投资者不一定是受益者，市场作为某些农村公共品的投入主体难以排除那些不付费的消费者。而消费者希望自己免费使用公共品，如消费公共教育、公用基础设施、国防建设等公共品，而不分担其成本。由于市场机制下的私营部门的目标是追求自身利益最大化，而为社会提供公共品往往会使其收益小于成本，因此，私营部门就不愿意供给公共品。所以，追求利润的市场主体很难供给有外部性的公共品，只能供给部分准公共品。如医疗服务是全社会每个成员不论是否购买都要享用的公共品，由市场供给就会出现失灵。

3. 市场运行机制不成熟、不完善 与西方高度成熟的市场经济不同，我国发展市场经济时间不长，市场经济体系的建立还不够完善。市场对农村公共品的有效供给需要完善的市场经济体系的推进。我国目前的市场化程度并不高，市场经济也并不是完全由市场基本规律和原则调控的，也受到政府、政策等因素的制约。市场目前不是完全自由开放的，一些私营部门进入市场受到很多限制，同时也导致私营部门难以进入某些公共品领域，不能有效地投入公共品。市场本身的不成熟和不完善导致在供给公共品过程中必然会存在缺陷。

三、市场投入公共品的绩效分析

（一）效率分析

从投入的效率标准来看，市场供给的效率与非效率并存。一方面，对于能够明晰产权的农村公共品，市场机制可以合理配置社会资源，并有效解决“搭便车”问题。另一方面，市场供给模式的非效率主要在于：一是公共品的公共性造成市场失灵，使公共品的供给达不到效率所要求的规模；二是公共品需求的非全面显示致使竞争性的市场难以达到有效率的供给量；三是排他技术成本可能造成的市场供给低效率。另外，由于政府对私人参与公共品供给采用财政补贴、税收优惠等措施，私人投资者也会得到一定利润，于是出现经营者寻租动机过大等现象而导致市场供给的非效率。

(二)公平分析

从投入的公平标准来看，一方面，在最低成本最大收益的指导下，市场供给模式不注重社会公平，公共责任严重缺失。市场供给模式以经济利益为中心，规避巧用，难以满足社会公正性和社会外部效益；公共品使用的质量和数量由个人财富的多寡决定，使本来穷富差距较大的农村居民因财富不等而不能同等享用公共品，从而造成部分社会福利损失。另一方面，虽然市场投入模式存在显著的不公平性，但有效排除"搭便车"行为又是一种农村公共品的公平供给。

(三)供需适应性分析

从供给与需求的适应性来看，公共品领域的市场供给同样遵循需求决定供给的规律，按照需求供给农村公共品。以效益最大化为目标的市场供给模式，能反映消费者的真实需求信息，引导公共资源在市场上合理地配置，从而使农村公共品存在供需相适应的一面。但市场模式以利益最大化为目标，难以满足农民多样化需求，而政府偏好使其对市场供给激励政策带有倾向性，一定程度上也降低了市场供给与需求的适应性程度。

四、完善市场投入公共品的机制

在一些西方发达国家，虽然农村公共品的投入是政府的责任和义务，但是一些社会公共品供给领域不是由政府直接提供，而是通过内部市场化加强私营部门的竞争，由政府委托私营部门来供给公共品，从而提高公共品投入的质量和效率。我国农村人口基数较大，相应地对公共品的需求也就大。受财政限制地方政府无法满足农民日益增长的需求，这就需要市场来提供一部分公共品。所以，我国应该采取措施完善农村公共品的市场供给。

（一）引入市场机制，构建政府引导和市场竞争相结合的投入模式

从市场激励机制来看，政府在私营部门投入公共品时给予一定的补贴或制定相关的优惠激励政策，增强私营部门投入农村公共品的意愿。从市场需求机制来看，市场就是个人利益的追求和实现，只要市场有需求有利益存在，农村公共品的市场化供给就有可行性。政府必须维护公平竞争的市场环境，不断制定和完善法律法规，从法律上对市场准入、反垄断以及反不正当竞争等问题进行规范。政府应采取措施保证私营部门的基本利益，完善政府监管引导机制，培养私人和企业主体的社会责任感。政府可以对私人和企业主体授权特许经营、与其主体签订供给合同，给予一定的财政补贴，采取各种优惠激励政策吸引市场资金的注入，实现农村公共品供给效率提高的目标。

（二）完善市场产权制度，优化制度环境

市场经济体制下农村公共品有效投入的前提条件是产品的产权必须明晰。只有在产权明晰的基础上，明确界定私营部门对某一公共品的产权，私人和企业主体才能在公共品的供给上最终拥有独立和有效的决策权，并且有一系列制度安排来保护产权的行使，这样私营部门才有动力提供公共品。

农村公共品产权制度创新改革有两点。一是农村公共品产权私有化，使企业或个人获得公共品的所有权。私营部门可以从政府手中购买公共品的产权，或通过直接投资而获得产权。二是农村公共品经营权私有化，大部分公共品的所有权和经营权是二者合一的，归政府所有[1]。但政府对某些领域经营效率差，在公共品的所有权归政府所有的情况下，私营部门开始承担公共品的经营权。政府对部分农村准公共品采取拍卖、租赁、承包、股份合作等形式转让给个人或企业去经营，授予其一定年限的产权收益权，以此可以来调动民间资本参与公共品生产和供给的积极性。

（三）发挥政府在市场化供给中的作用，建立严格的监管机制

将市场作为农村公共品投入主体之一，并不是推卸政府在公共服务领域中的责任和义务，而是为了更好地满足社会对公共品的需求，在市场投入农村公共品的具体过程中，政府的作用不可或缺。在公共品投入中市场和政府不能完全分离，二者互为补充。“市场”和“政府”必须双管齐下，才能最大限度弥补二者的缺陷。政府在市场投入公共品中依然有重要的责任和作用。

在市场资本进入农村公共品领域的过程中，政府应肩负起监管的职责。私营部门投入农村公共品可能会出现某些负外部性问题，需要政府监管规制。针对可能会产生的这些负外部性问题，政府必须对这些市场供给者进行规制，运用法律手段予以规范和监管，以保护农民的权益。同时政府要对农村公共品的消费者给予一定的支持，有必要为农民提供完全的信息、产品品质鉴定以及其他必要的支持，维护农民自身利益。

【案　例】

南京市“药房托管”的改革试验[2]

为了加快医疗卫生体制和药品流通体制改革，切实提高农村

① 引自东北林业大学李海涛的博士学位论文《新农村建设背景下农村公共品供给效率研究》，2010

② 本案例取自华中农业大学吴春梅的博士学位论文《转型期中国农村公共品供给体制改革研究》，2007.5，笔者进行了删减和整理

医疗服务水平和降低农民看病费用，南京市进行了“药房托管”改革试验，在医院药房产权和药房职工人事关系不变的前提下，由市场部门进行投标，中标后与医院鉴定托管协议，并负责药房的经营管理工作。托管后的医院药房属于公私混合供给主体，在托管双方职责明确和供给行为规范的条件下，通过集中采购和减少药品流通环节，可以打击医药回扣行为，降低虚高药价；通过变通性和过渡性的“医药分家”，可以规范医院和医生的用药行为，减少病人的不合理负担；通过公开招标方式适当引入市场竞争机制，可以培育新型供给主体，提高药品经营的经济效益和社会效益，为今后实行真正的“医药分家”和建立“以病人为中心”的医疗服务理念创造了有利条件。

第四节　社会力量

社会力量供给模式是指各种社会力量通过自我管理，充分发挥志愿精神，为农村居民提供部分公共品的模式。这里的社会力量主要是指那些主动承担社会公共事务和公共福利事业的协会、社团、基金会、慈善信托、非营利性组织或其他法人等民间组织或志愿性团体以及企业和个人，且不以营利为目的。他们从事的是政府和企业不愿做或做不好的事，具有一定的组织性、自治性、志愿性、公益性和民间性。与政府“以强制求公益”和市场“以志愿求私益”不同，社会力量供给被定位为“以志愿求公益”。

一、社会力量投入公共品的领域

由于社会力量供给模式易受具体环境中社会资本的影响以及作用空间的特殊性和有限性，限制了其适用范围。社会力量投入的领域一般适合于小型分散的、接近基层的农村公共品。一方面这是政府在公共品供给中失灵的领域，另一方面是市场“不愿”或

“无暇顾及”的领域，即私营部门在农村公共品投入中失灵的领域。社会力量运作资金的来源受到诸多条件的限制，社会力量投入的农村公共品主要是资金投入相对较少、运营管理相对简单、受益范围集中在某个乡村社区内或者由受益人出资供给的农村准公共品。

具体来说，包括农村文化娱乐设施，对农户生产经营活动的指导，农业科技推广，信息提供和咨询，生产资料供应，农产品生产销售服务，农田灌溉、湖泊的渔业资源利用，养殖的供、产、销联合体等。政府财政的不足使公共品供给与需求之间存在一定缺口。就落后地区而言，社会力量的投入因其作用领域的特殊性能够对贫困地区的农村公共品投入发挥重要的补充作用。在贫困落后地区，生产力水平低，农民的购买能力较低，不愿自己花钱购买公共品，市场投入难以实现，其投入对象也包括具有扶困济贫性质的公共品。

二、社会力量投入公共品的必要性与局限性

（一）社会力量投入公共品的必要性

政府、市场和农村社区已经成为我国农村公共品的主要投入主体，但在投入过程中仍然存在一定程度的失灵。在这种情况下，社会力量可以发挥一定的补充作用，在政府、农村社区和市场的权力和责任无暇顾及之处，担负起其他主体未尽到的义务和责任。

1. 社会力量投入能够满足农民多元化需求　政府作为农村公共品的天然提供者，要对全体社会成员负责，很难满足社会的多元化、个性化的需求，农村社区受地域和资金等条件限制，无法保证公共品的数量质量，市场则是以志愿追求自身利益，只能供给部分准公共品。而社会力量所包含的各种组织、团体等来自于民间，数量众多，形式十分灵活，可以补充其他主体未投入的那部分公共品，满足消费者多元化需求。社会力量可以“查漏补缺”，满足政府

和市场都满足不了的社会偏好。

2. 社会力量容易募集资金、调度社会资源 社会力量有公益性、独立性、非营利性等特点，能较好地表现社会的公平、正义和和谐，维护农民切身的利益。社会力量能以最基层的社会弱势群体或边缘性社会群体为服务对象，向他们提供服务。所以在募集民间资金和调度其他社会资源方面具有独特的影响和优势。社会力量的投入可以缓解地方政府的财政困难，有利于扩大农村公共品的投入数量和提高农村公共品的质量。

3. 社会力量能够灵活应对公共需求的变化 由于政治性不强、官僚化程度低，社会力量有很大的弹性和适应性。它实行多样的、灵活的、平等的、参与式的组织结构，能够根据不同的情况及时做出调整，更加灵活地应对公共需求的变化，可以发挥其在满足特定群体利益要求上的优势，有利于技术和制度的创新。社会力量的运行方式不同于政府的官僚体系，它坚持自助互助的原则和自主解决问题的精神，能够减少市场机制的负面影响，促进社会和谐、人际和谐。社会力量的民间性、公益性、非营利性等使其更接近基层农民，使其致力于公益事业，提高了供给效率。

(二)社会力量投入公共品的局限性

社会力量虽然有强大的群众基础，突出的民间性、公益性和非营利性，但也不是永不失灵的万能主体，它也具有一些缺陷。

1. 社会力量融资能力有限，资金渠道狭窄 虽然社会力量在募集民间资金和调度其他社会资源方面具有独特的影响和优势，但募集的资金对于公益事业只是杯水车薪。由于社会力量的非营利性，使其筹集资金渠道较少，对政府拨款依赖性强，致使其收入结构不合理，社会融资能力不高。自身的资金经费缺乏，而社会力量开展公益活动所需要的经费开支和其自身的资金能力之间存在很大的缺口，所以社会力量在投入农村公共品过程中也会显得“有心无力”。

2. 我国慈善公益事业发展缓慢　改革开放以来，我国的慈善组织也得到一定程度的发展。“希望工程”、“春蕾计划”、“烛光工程”等一批支持贫苦地区基础教育的公益活动，取得了显著的成效。但是和西方国家相比，我国慈善公益事业依然很落后。以每万人拥有的非政府组织数量为例，我国约为 1.5 个，美国、日本和法国分别高达 52 个、97.2 个和 110.5 个①。近几年我国慈善公益得到一定程度的发展，但总体发展缓慢，活动能力不强及结构不合理，严重制约着投入公共品的能力。

3. 社会力量组织结构不完善　社会力量组织结构不尽合理，组织内部存在家长式、官僚化作风。控制着社会力量组织和团体经济命脉的人往往根据自己的偏好来决定提供什么产品，而忽略了农民的需求，具有强烈的地区指向性，往往固定在与自己有密切关系的地区，由此导致农民真正需要的公共品供给不足。

4. 社会力量的业余性　社会力量在提供部分公共服务时需要受过一定训练的专业人员来完成，但是由于社会力量资金的限制，无法吸引专业人员加入，这些服务只能由业余人员来做。业余性和非专业化的组织必然造成失灵，难以保证投入农村公共品的质量和效率。例如，对于一些特殊人群的照顾，需要受过培训的专业人员，但是社会力量往往强调由义工或志愿者提供服务，从而影响服务的质量。

5. 社会力量不注重效率和收益　社会力量承担投入农村公共品过程中，不以盈利为目的，不会像市场那样注重效率和收益，也就不计成本。对资金管理不敏感使非营利组织在社会的经济活动中处于劣势，同时容易造成资金和产品的浪费。

① 引自西北大学王永莲的博士学位论文《我国农村公共品供给机制研究》，2009.6

三、社会力量投入公共品的绩效分析

（一）效率分析

从投入的效率标准来看，社会力量投入的效率优势主要体现在：一是为弥补政府机制和市场机制的缺陷而存在；二是能够动员并获得政府无法动员的本土资源以及海外资源等，而且对资源的利用更具有针对性和及时性，资金利用率较高；三是非营利性特点使社会力量投入者能够在解决信息不对称问题以及满足特殊需求方面降低供给交易成本，进而达到有效率的水平。但作为弥补政府和市场功能不足的社会力量投入模式自身并不是万能的，因其内部的局限性，如运作资金问题、人事安排和决策问题等，无法单靠自己的力量来推进公益事业的发展。

（二）公平分析

从公平标准来看，社会力量以社会弱势群体或边缘性社会群体等特殊人群为主要服务对象之一，具有减少市场投入有失公平的负面效果，超越政府投入中的官僚作风，增进农村社会公平和协调发展的优势和功能。

（三）供需适应性分析

从供给与需求的适应性来看，社会力量的主要作用领域是政府和市场都无法有效提供的农村公共品，自下而上的服务机制使其具有贴近基层的优势，更能了解农村的现实需要，可以对多样化的、快速变化的社会需求做出及时的反应，从而为部分农村居民提供所急需的公共品，更大程度上满足其多样化的需求。

四、完善社会力量投入公共品的机制

社会力量的投入只是政府投入和市场投入的一种补充，它不可能取代政府和市场供给。但是在政府、农村社区和市场投入的基础上适当增加社会力量的投入是解决我国农村公共品供给不足的一个重要途径。

(一)提高融资能力,拓宽资金渠道

只有这样才能体现社会力量的组织性和独立性,发挥其自主性,真正参与到农村公共品的投入中来。各组织团体要制定出适合自身的发展战略,合理调整收入结构,增强自身的弹性、灵活性和适应性。同时要完善提高工作人员素养和业务素质,提升自身的组织能力和对资源的支配能力。筹资渠道应多元化,如私人财产、集体所有财产、社会组织和公民个人的无偿捐赠和资助、社会福利彩票、国际性的援助等,都可以成为社会力量的资金来源。

(二)大力发展非营利组织

非营利组织是社会力量中最主要的组织。近年来,我国非营利组织的发展取得一定的成绩,一批以援助贫困地区教育发展为宗旨的非营利组织为贫困地区教育发展做出了积极贡献,其中包括“希望工程”、“春蕾计划”和“烛光工程”等。要着重培养那些面向农村的非营利组织,比如农村发展基金会、农村教育促进会等,利用社会力量增加对农村公共品的投入,为农村的教育、医疗、养老以及水利兴修等提供服务,分担一部分社会责任。

(三)引导社会力量和民众参与公益事业

如果社会力量中的一些企业、事业和个人等志愿性团体组织的行为能够得到社会的认可和相应的鼓励,甚至各种形式的效益,他们更加愿意投入公共品,提高供给的积极性。比如在慈善捐赠活动中,可以列出捐赠名单榜,允许一些团体组织及企业借捐助平台宣传形象。在慈善活动中可能大多数捐赠者都没有功利心,当然社会也不应该忽略他们的奉献。所以公示捐赠名单给予一定精神鼓励甚至是物质奖励是必要的,激励他们继续投入公益事业,也可以激发社会力量形成一种集体道德行为,引导更多的企业、事业和个人等组织参与到公益事业中来。

公益事业是一项全民性事业，没有民众的参与就没有生命力。采取鼓励措施激励社会力量投入的同时还要注重培养人们的公益精神，鼓励人们为社会贡献个人资源，这也是直接或间接地为社会提供公共品。培养人们公益精神，弘扬乐善好施的传统美德有利于鼓励社会力量的慈善行为和对农村公共品的投入，引导更多的组织团体及个人成为社会力量的一员，充分发挥社会力量的优势，提高农村公共品的投入效率。

（四）强化政府责任

社会力量作为投入农村公共品的补充主体，其能力和作用要小于政府。在其投入公共品的过程中，为保证有效供给，政府理所应当承担一些责任。

一方面要放宽准入政策，给予政策优惠，吸引社会力量志愿投入公共品。比如政府出台鼓励捐赠的优惠政策，提高企业捐赠享受税收优惠的比例，对实物捐赠给予税收优惠等。另外要给予精神奖励，以此来激励社会力量向农村地区捐赠，增加社会力量对农村公共品的投入。另一方面，政府要加强监督管理。政府应加强管理，采取舆论监督和法律约束并重的方式，使这些组织运营和管理公开透明。同时要依法规范公益事业的各个环节，完善相关的法律法规，使其在运行中有可供操作的法律依据，切实发挥为民服务的作用。

【案　例】

武穴农村公益事业促进会的建设[①]

2004年11月26日，湖北武穴市大法寺镇步塘村口红旗招

---

① 本案例摘自荆楚网，湖北日报《构建和谐家园——武穴农村公益事业促进会调查》，笔者进行了删减和整理

展，锣鼓喧天。群众聚集在这里庆祝实现了水泥路面垸垸[1]通。正在宣传栏上张贴“捐资修路光荣榜”的村公益事业促进会会长吴松波高兴地说：“好戏还在后头呐！过几天，我们就筹建村民文化活动中心。”

像步塘村一样，武穴今年有150个村成立了农村公益事业促进会，占总村数的50%，全市11个乡镇全部成立了农村公益事业促进会。

龙坪镇是农村公益事业促进会的发源地。2004年4月，龙坪镇五里村胡胜垸几位老党员倡议召开村民大会，选出20名代表成立村公益事业建设议事会，自愿出资，专款专用。不到1个月，垸里农民和在村外创业的老板就筹资37.5万元，硬化了2 500米小路，修砌了600米池塘护岸，并将全垸分散养殖的生猪集中到新建的两个养殖小区，使村里面貌焕然一新。胡胜垸的成功实践引起武穴市委、市政府高度关注。他们及时总结和宣传“胡胜现象”，大力推广其经验。全市各地纷纷效法成立农村公益事业促进会。初步形成了“政府引导、农民自愿、老板捐赠、民主管理”的运行机制，使全市农村公益事业建设逐步走上规范化、制度化的发展轨道。

武穴按《村民委员会组织法》的要求，依托各村老党员、老干部，通过村民推选成立公益事业议事会，并推荐人品好、实力强、税收贡献大、有号召力的民营企业家出任促进会会长、副会长。各乡镇严格按照不违反农村政策、不增加农民负担的原则，把与老百姓生产生活息息相关、群众最想办的事情列成清单，提出方案，提交公益事业促进会审定、实施。

促进会充分尊重群众意愿，让群众当家做主办好自己的事。

① 垸：yuàn，中国湖南、湖北两省在沿江、湖地带围绕房屋、田地等修建的堤坝样防水建筑物，亦指堤所围住的地区

他们按照自觉自愿、不硬性摊派、不搞“一刀切”的原则接受群众捐款，受到村民普遍欢迎。梅川镇从政村一位五保老人听说垸里要修路，主动捐10元钱表示心意。花桥镇郭德元垸修路，一贫困户捐款100元，村民代表坚决不收，他就在工地上做了一个星期的义务工。

近几年来，武穴市优化环境，强化服务，民营企业迅速发展壮大。这些业主有着强烈的回报社会的愿望。龙坪镇以楚威日塑有限公司董事长陈先华为代表的30多名民营业主发出“龙坪是我家，建设靠大家”的倡议，各位老板积极响应，一天就捐款18万元。陈先华说：“我们的发展靠的是党、政府和龙坪人民的支持，为修桥补路、改善环境、重塑龙坪形象出点钱是应尽的义务。”

促进会实行民主管理。一是民主产生工作机构，镇里的促进会和村组议事会均经民主推选产生。二是民主理财，建立健全了财务管理和审批制度，设立了专项资金账户，所有建设项目均经集体讨论决定，专项支出实行严格的评估、监理、验收。促进会、议事会成员参与公益事业建设都是义务劳动，不得领取一分钱报酬。“促进会的兴起，使武穴城乡生产生活环境得到大改观，农民精神文化生活得以大丰富，农村干群关系实现大融合，农村经济发展得到大促进。”谈及此，武穴市委书记陈楚珍喜不自禁。

据不完全统计，到2004年11月底，武穴农村公益事业促进会自筹资金2.5亿元，共建成村垸水泥路350千米、绿化带3.5万米^2、提水泵站70座、沼气池2 800口、水冲式公厕123座、养猪小区98处，新建村、垸文化活动室253个，组建各类农村文艺团体230个，新建篮球、足球、羽毛球场89处，评出“十星级文明户”12.5万户。

武穴“农村公益事业促进会”的成立，是政府与民间一次成功的合作，是一个“三赢”的典型形式：通过成立农村公益事业促进会，政府可以不通过财政支出就解决部分公共服务和公共物品的提供；农民根据自己的意愿，选择自己更关注的项目，满足自己的要求；企业家通过促进会也提高了自己的知名度、提高了产品的知名度，从而实现更好的发展。

第四章　保障农村公共品投入的有效途径

第一节　农村公共品投入的国际经验

我国农村公共品供给中仍存在总量短缺，总体质量不高，供求矛盾突出，决策体系不健全，绩效评估机制缺失等问题，严重制约着我国新农村建设基本目标的实现。因此，本章主要内容介绍国外投入农村公共品的做法和特点，借鉴国外经验，完善我国农村公共品投入机制，寻求更有效的农村公共品投入途径和模式。

一、韩国农村公共品的投入

韩国在 20 世纪 60 年代是一个落后的农业国家，但是经历了 40 年的发展，基本上已实现了农业机械化，步入发达国家的行列。因此，韩国的成功经验给予我们的启迪，是值得我们借鉴的。

20 世纪 70 年代，韩国面对诸多的社会经济问题，如人多地少、工业与农业发展失调、城乡居民的收入差距逐渐拉大、劳动力老龄化等。面对这些难题，韩国政府发起了以“勤勉、自助、协同”为基本精神，以“脱贫、自立、实现现代化”为根本目标的新村运动。韩国新村建设运动历经 3 个阶段：第一阶段，以政府为主导发起的农村基础设施建设，改造茅草房、厕所、水井，架桥修路等；第二阶段，以政府为主导逐步向民间为主导过渡，帮助农民增加收入的全面建设，调整农业结构，加强技术推广；第三阶段，主张自我充实和提高，倡导“城乡合作”的方针，大力发展以农产品和水产品加工为主的农村工业。韩国政府发起的“新村运动”，成功地解决了农村公共品供给的难题。

(一)丰富农村公共品的内容

韩国政府根据农民的合理需求出发,向农民提供公共品,以此达到效率和公平兼得。韩国十分重视对农民进行教育和培训,培训内容涉及地区开发、意识革新、经营革新等内容。政府为农民提供的公共品包括水利设施等"硬"性的公共品,也包括技能培训、技术推广等"软"性的公共品。随着新村运动的深入,农村公共品供给由低层次向高层次演进。运动初期,韩国政府重点改善农村居民居住条件和公路、桥梁、水利、电力等基础设施。后期,则更多地集中于农村经营模式、农村流通市场、农村教育、农村社会保障等公共品方面。

(二)建立"农协"组织

韩国政府积极倡导并促进各农村建立自己的组织,以便更好地对农村公共品的投入与需求进行管理,农民可以通过组织反映自己的需要。此外通过该组织帮助农民养成"自立、自助、勤勉、协力"的思想观念。在供给决策过程中发挥村民自治组织的自我管理、自我决策和自我服务功能。

(三)实现农村公共品供给主体的多元化

通常来说,政府承担着农村公共品的供给责任,但是政府并不是"万能钥匙",不管在什么情况下都能扮演好自己的角色。因此政府在适当的背景下有必要进行责任分担,以求达到最好的结果。公共品供给的多元主体参与机制,就是农村公共品投入的最佳选择。韩国农村公共品的供给主体逐渐由政府为主向社会为主导转变。

(四)明确职责权限,建立有效的监督机制

采用多元主体的供给机制,必然会带来职责权限的模糊,因此划分各主体应当承担的责任和享有的权利是保障农村公共品供给有效性和公平性的题中之意。

韩国政府是新村运动的主要倡导者和投资者,中央部委及下属部门主要负责新村项目的具体筹划和实施，地方政府主要负责组织动员和协调监督工作，各部门各司其职。社会各行各业尽其所能，全过程地支援农村活动，企业依自愿原则对村庄进行“一帮一”的具体支援，使新村运动由政府主导演变为全民参与的民间社会运动。农民是新村建设的受益主体，也是新村运动、农村公共品供给的重要参与主体，对于提供何种公共品，农民有最终决定权。

（五）建立激励约束机制和奖罚分明的鞭策机制

针对农民，为了激发农民参与新村运动的积极性和热情，政府在农村公共品投资方面确立了“先动先扶、不动不扶、优者多扶”的原则，以激发农民的荣誉感与内在积极性，引导农民思想观念、精神面貌的改变，促使农民自发建设美好家园；针对政府公务员，各级公务员在新村建设中都被赋予了相应的责任，并且对各级行使此项公共权力的公务员实行奖罚分明的新村建设考核制度，好者提拔，不好的派往偏远的岛屿等地。

（六）公共品投入“自上而下”与“自下而上”的结合

“自上而下”与“自下而上”指的是在农村公共品的供给和需求之间的沟通机制。也就是供给主体的公共品投入和消费主体对农村公共品的需要要达到最优匹配。在新村运动中韩国农村公共品供给项目的最终确定存在一个民主选择的过程。即韩国政府在公共品的投入过程中会拟出众多项目，农民依需求自主选择项目，通过这样的方式，有效地避免了公共品投入的盲目性，提高了政府供给和消费使用的效率。

二、日本农村公共品的投入

目前，日本政府对农业的支持力度和保护程度是发达国家中最高的。政府通过各种渠道用于农业的投资高达农业总产值的15倍之多，采取了减轻农民税收、增加农民拨款等支农政策。这些支出主要用于土地改良、农业基础设施建设和发展农业科学技术等农村公共品方面，对科研推广、防虫防害、农业灾害赔偿、农业劳动者补助和农业补贴等投入均有大幅度的增加。日本对农业的保护、支持政策和农村公共品供给制度是值得我国借鉴和学习的。

(一)农村公共品投入规模大

1.日本在农林水产业支出的预算经费较高 日本财政支农资金规模很大，财政收入中农业一般只占1%，而对农业的投入却占财政支出总预算的10%以上。如1994年，农林水产的经费是34 188亿日元，占日本政府的财政经费(406 548亿日元)的8.4%，经费的1/3用于农业基础设施建设，经费增长也很快，从1960年到2000年，年平均增长15.25%[①]。

2.日本对农业的补贴已经超过了农业的收入 日本对农业的补贴份额很高，相关调查表明，在2000年日本对农业的补贴支出占国民生产总值的1.4%，农民的农业收入有72%来自政府的直接补贴。

3.农民投入到农业上的自有资金比重较少 农村公共品的投入使得农民投入到农业上的自有资金比重减少，日本农业在1960—1976年的固定资产投资中，农民自有资金的投入比重由68.2%下降到50.7%。

(二)农村公共品的供给范围扩大

日本农村公共品的覆盖范围包括对农业技术上的服务支持，也包括基础设施、市场信息、公益事业、文化、教育、娱乐等，涵盖农业生产领域、分配、流通领域和生活领域。首先是生产领域，其中包括农业基础设施、粮食安全、产业结构调整补贴。第二是分配、流通领域，其中包括市场建设、农村服务组织、政府提供的粮食的直接管理和计划流通制度。第三是金融保险领域的公共服务，主

① 引自匡远配，汪三贵，《日本农村公共品供给特点及其对我国的启示》，日本研究，2005.4

要有农业灾害补偿制度、农业信用保证保险制度、对民间金融机构进行直接补贴等。第四是农业科教和技术推广。国家设有农协中央学院，各地方也设有研究机构，并且培养人才，还有国家的职业训练制和农业普及事业。最后是环境保护和可持续发展。日本出台相关政策法规，采取有效对策，预防和治理农业环境污染。

（三）供给高质量的农村公共品

在农村公共品的供给上要求高质量，具体表现为：公共品的标准化；公共品供给的多样性和多层次性，如养老保险就有 3 个层次，国民养老金制度、农民养老金和自我储蓄制度；要求城乡协调发展、区域协调发展，实现跨越村（市）界，实现跨区域的公共品供给；科学立项、设计和建设，确保工程效率与质量。

（四）发挥农协在农村公共品供给中的作用

农协是集农业、农村、农产三类组织为一体的农村社区组织，在日本 99%以上的农户都参加了农协组织，农协为农民提供的农村综合服务几乎覆盖了全国农村的各个领域。通过农协来发挥以下功能：指导农村事业、供应农业生产资料、组织农产品销售、提供农村金融服务和农业保险信息服务、建设公共利用设施等。日本政府在法律、经济和部门建设上加强对农协的支持，规范农协制度，以法治社，对农协在经济上进行大力的扶持。

（五）农村公共品供给的动态性调整

首先，供给内容的丰富化。当初土地改良事业仅仅是针对农业基础设施的建设，随着社会条件的变化，除了要求开发农业设施外，还要求覆盖农村生活基础设施的建设，包括乡村道路、公厕、公园、活动室等。其次，供给重点和方向的转移。日本政府会根据市场的供给变化来调整农村公共品的供给，如在农村实行医疗、养老保险制度，对种水稻的农民实行休耕补助等。近年来，日本的财政政策侧重于促进产业结构调整。

（六）公共投资的多渠道、多层次性

日本农业是分散的小规模家庭经营，因此，巨额的投资不可能通过农户自身的积累来完成。而在很大程度上靠多渠道、多方式、多层次来实现。日本农业资金的投入渠道有：中央政府主要是对建设项目进行拨款及贷款、为农民提供低息贷款，解决了农业资金短缺的问题；重视地区开发金融的作用、发行地方债券，用于公共设施的建设等。

三、法国农村公共品的投入

法国是欧洲的农业大国，但 20 世纪初，法国的农业远远落后于欧洲其他发达国家。"二战"后，法国政府出台了一系列引导农业发展的措施。由此，法国不仅在较短的时间内实现了农业现代化，而且成为欧洲农业强国和世界农产品出口大国。正是法国政府对农村的倾斜政策，使得法国农业快速实现现代化。

（一）加大国家农业投资力度

"二战"前，法国农业主要由私人投资。"二战"之后，政府逐渐重视农业投资，将农业投资纳入国家预算项目。同时，不断提高农业投资在国家预算中的比重。1975 年法国农业财政支出达 339.79 亿法郎，农业投资的新增贷款 150 亿法郎，农业财政投资占当年农业投资总额 662.79 亿法郎的 51.3%，如果算上新增贷款，国家投资占 73.9%①。在 1980—1987 年期间，法国政府农业财政投资的绝对金额增加两倍。法国政府在农业投资过程中强调资金投入的使用效率，注重引进其他投资主体参与。国家还专门设立"经济社会发展基金"以此来奖励农业投资。国家的农业投入为法国农业的崛起提供了物质保证。

① 引自浙江大学周志祥的硕士学位论文《农村公共品供给效率及其供给机制研究——基于四省的数据比较》，2010.5

(二)完善农村农业教育体系

法国建立了一套完善的农村教育体系,包括农业职业教育和资格认证等方面。为提高农民文化素质,法国出台了一系列政策措施。一是建立农业教育体系,主要包括中等农业职业技术教育、高等农业教育和农民成人教育等内容,涵盖了农林牧等各领域。除此之外,法国每年有10万农民参加职业教育培训,为农业发展提供大量的人力资源。二是对农业经营者提出资格认证,农民必须在接受了农业职业教育并取得合格证书之后,才有权利享受国家优惠政策和国家农业补贴,有资格经营农业。只有高中两年以上的学历并且持有"农业技师证书"或者通过农业职业和技术会考的才可以独立经营农场,农场继承人也需要经过一定的考核才能继承经营权。而一般的"农业职业能力证书"和"农业职业文凭"的持有者只能当雇工,不能经营农场。

(三)建立农业科研和推广体系

法国投入巨额的经费,逐步建立了以国家农业研究院为主体的农业科研体系,拥有各类的农业科研机构和庞大的农业科技人员队伍。首先,法国有大量的农业科研人才,为法国农业提供基础研究和应用研究,实现农业现代化、科技化。其次,积极推广农业科研、农业教育、农业生产三位一体的新机制,政府鼓励地方和私人创办农业科研教育机构,国家、地方政府以及私人、农民组织等都不同程度地参与农业技术的研究与推广。此外,农业科研推广体系的科研经费大部分由国家提供,政府有详细的财政预算和稳定的拨款渠道,每年都会划拨一定的资金用于农业科研和推广。

(四)实施农业保护政策

发达国家的农业保护政策具有普遍性。20世纪60年代初,法国政府出台一系列农业保护和补贴政策。一是鼓励土地兼并,扩大农场经营规模,减少"无生命力"农场,对失去土地的农民进行赔偿补贴。二是国家出资协助建立各种农业合作组织,引导农民互助和合作。三是补贴农产品和加工品，农作物按面积补，牲畜按头数补，葡萄酒按质量补等。四是建立了金融、交通、加工等服务型的机构，为法国“三农”服务。五是对购买农业机械器具、燃料、化肥等采取补贴或免税等措施。法国政府对农业的保护和补贴对法国农业的现代化起着重要作用。

四、美国农村公共品的投入

尽管美国是典型的市场经济国家，但是美国政府并没有放弃应尽责任，一直从政策、资金、人员培训、基础建设、社会保障等各方面尽可能地为农村提供充足的公共品，促进了城乡协调发展。

(一)政府和社会组织共同提供

美国的农村公共品由政府和社会组织共同提供。具体表现为：美国联邦政府直接拿钱支持农业基础设施建设、农业教育、科研、技术推广和农业补贴等，并且联邦政府积极引导各州和地方政府支持农业发展；在财政政策与金融政策的协调运用上，少量的财政资金会用作于政策性银行的本金和经营费用，使政策性银行吸收大量的社会资金支持农业；此外，在财政投资方面吸引私人投资也是很重要的，如美国的交通设施建设、灌溉设施建设、农业科技、科技推广的各个方面，既有财政投资，也有私人投资。

(二)给予税收优惠、资金补贴等支持

在美国，相对于第二产业和第三产业来说，农业的发展相对薄弱。为此政府一直给予诸多税收优惠。具体表现在农民交纳的税额度低，税种少，还有减免。另外，联邦政府还对农业施行资金补贴。其补贴特点是集中度高，措施多样，涉及生产各个环节。从集中度看，90%以上的补贴集中于小麦等 5 种农作物上，以便提高大宗农产品的国际竞争力。从多样性看，既有支持性收购，也有差价

补贴，还有全环节补贴[①]。总之，以上措施给美国农民带来了巨大的实惠，提高了农民的经济收入和生活水平，借此缩小了城乡差距。

(三)完善农业教育—农业科研—推广体系

为促进农业生产水平的提高，美国政府一直十分重视农业科研、技术推广和教育培训等方面，具体体现在以各级政府部门为主导，推动农业科技推广体系的构建，并由其协调、联合有关院校、科研机构、专业技术服务机构和民间协会共同实施。政府予以农业科技推广经费，美国联邦、州和县政府按比例共同提供该体系所需主要经费，农户、批发商、零售商可以免费获得有关市场、政府政策和技术等方面的信息和指导。

(四)重视基础设施的建设，促进农业机械化

重视发展信息化农业的美国在农村基础设施建设方面主要有土地平整、梯田修造工程、道路桥梁等交通运输工程，灌溉防洪、排水引水工程，垃圾处理、地下管道工程，电力供应、信息工程等诸多方面。并且，其农村基础设施的建设任务与资金来源是多层次性，即：全国受益或规模大的项目由联邦和州政府负责；地方政府则投资于规模居中的项目；规模小的则由农场主个人或联合投资兴建，并在政府的依法监督下自行经营管理。

(五)提供农产品保险，保护农业

由于农业与天气、病虫害、政府政策、市场信息等众多因素相关，其中许多因素又是农民难以预料和防御的，所以农业也可以算得上是风险行业。为帮助农民化解风险，美国提供了一套覆盖范围广、保障水平高、保险种类较为齐全的农业保险体系，其内容主要包括农作物保险、农业总收入保险、巨灾保险、牲畜保险等[②]。其

① 全环节补贴是指：从休耕至生产、储备、出口等各环节均有补贴

② 引自黄立华，《美国农村公共品的供给及启示》，北方经贸，2007.1

中，这些保险项目主要由美国政府和联邦政府投资的保险公司共同承担，与此同时，为了保证农民能够以较低保费率参加保险，并使保险公司可以持续运转，政府对从事农业保险业务的机构会提供保费补贴。这些措施有力地促进了农业保险的发展。

（六）逐步加大高层政府对农村义务教育的投资力度

“二战”后，美国农村义务教育的责任、行政权与学校运行管理权是由州政府直接承担，并且逐渐成为农村义务教育的最大投资者，且由他们制定具体教育政策。虽然州一级的投资比例逐渐增大，但各州间也存在横向财政水平不等的情况，会影响受教育资源的公平性。为解决这一问题，美国建立了由联邦政府对州和地方政府比较全面的财政转移支付制度，对财力较差的州或学区特别是农村学区，尽可能地提供获得较多的联邦补助拨款的机会，使全国和各州的义务教育发展较为均衡。

五、国外农村公共品投入经验对我国的启示

（一）加大财政支农力度，提高农村公共品质量

国外农村公共品投入的经验表明，农村公共品的供给需要国家巨额资金的投入。实现农村公共品的有效供给就必须加大财政支农力度。日本、法国等发达国家对农业财政支出非常之大，甚至超过农业收入，同时政府给予的农业补贴也很高。在保证农村公共品供给规模的同时，还要保证其质量。既要重视“硬”公共品也要重视涉及农民本身素质发展的“软”公共品，注重农村公共品供给的可持续性。

（二）规范政府的供给行为

首先，明确各级政府权责，加强政府财政支持。随着经济发展，公共品范围逐渐扩大，赋予地方更多的公共品供给责任的同时，需要适度下放必要财权或者加大转移支付力度。其次，要加强公共品供给法制化建设。高度法制化是农村公共品供给规范化的

前提。法律应明确规定各级政府在地方公共品供给过程中的责任和权力。最后，保证农村公共品的供给效率和公平性，确保公共品的供给质量，在规模保证的前提下，实现公共品供给的系列性、多样性、层次性。

（三）支持农村合作组织，实现供给主体多元化和供给方式多元化

国际经验表明，多元化的供给主体与方式，有助于提高公共服务的总量与效率。因此，我国应在明晰产权关系的条件下，改变由政府单一供给农村公共品途径，建立以政府为主、企业和社会团体为辅的多元供给模式，并实行适度的市场化供给，实现农村公共品直接和间接的供给。政府对农村合作组织的支持也是不可缺少的，因此政府应该制定和完善相关法律，支持农业协会、合作社等农民合作组织的发展，通过这些农民组织鼓励农民自治，形成农民互助、互救机制。

（四）保障农村基础教育，加强职业技术教育

从国际情况来看，无论是发达国家还是发展中国家，都是由中央和地方政府共同承担初等教育的主要费用。我国财政在继续增加对教育的投入总量的同时，应该继续完善义务教育投入体制和管理体制，真正把九年义务教育落实，对贫困地区教育实行“全免费”；同时大力发展农民职业教育，提高农民的文化技术素质；新建或扩建农村职业技术学校，提供现代化的教学设备和实习基地；同时可以在教学上借鉴“定向招生和培养”的模式，为农村地区培养各类技工人员。

（五）加强农业科技成果转化，提高农业现代化水平

美国政府一直比较重视农业的教育、科研和培训推广工作，集中体现在各级政府对农业科研和推广公共开支的支出在不断增加。我国目前在农业科研和技术推广投资比重还很低，因此，我国必须加大对这方面的投入，如重视农产品生产基地的科技投入、吸引其他主体参与农业科研的研究、完善农业科技的推广网络，使其迅速成为生产力，以降低农民获得农业技术的成本。

(六)重视公共品的供给优先顺序

一般来说，发达国家关注于农村教育、社会保障、科技推广等可持续发展方面的公共品的供给，而发展中国家更侧重于对农业发展相关的基础设施和生产性公共品的投入。我国是发展中国家，农村公共品的供给不足，因此我国应该根据自己的发展情况，制定合理的公共品供给措施。首先应把农业和农村基础设施建设，改善农业生产条件作为重点，提高农业综合实力；其次逐步加大可持续性公共品的投入。

第二节 国内保障农村公共品投入的有效途径

一、优化农村公共品投入的政策环境

(一)统筹城乡，完善公共财政支出体系

近年来农村公共品供给结构和规模都有了明显的改善，但仍有不足，滞后于农民的现实需求，城乡之间供给水平存在一定的差距。农村公共品的单一化和长期供给不足、滞后，已经在一定程度上阻碍了农村进一步发展。构建和谐社会，首先要实现社会公平，协调城乡关系，破除城乡二元化的格局。那么公共品的供给也必须体现这一要求，实行城乡平等的公共政策，统筹城乡公共资源分配，改善农村公共品的供给质量和效率。

1. 打破二元体制，实现公共品供给城乡一体化 城乡二元结构是造成城乡公共品供给不均衡的根本原因。因此，要消除城乡公共品供给差距，就必须合理分配国家资源，实现公共品供给城乡一体化，从根本上改变非均衡的城乡二元结构，使城乡居民得到平等的公共品和公共服务。在公共品的供给上，各级政府应坚持城

乡平等、公平的原则，向城市和农村提供大致均衡的公共品，以加快农村经济社会发展，减轻农民负担，提高农民的生活质量。

(1)基础设施建设一体化　我国大部分农村的基础设施建设都落后于城市，如道路、水电网、通讯设备、科教文卫设施等。实现城乡基础设施建设一体化，就要着力解决农民最急需的基础设施建设，包括农村饮水安全工程、农村公路建设、农村电网建设、启动无电村电力设施建设以及农村能源建设等，积极推广沼气、秸秆气化等清洁能源。实现城乡基础设施建设一体化，国家财政必须加大对农村地区投入。同时要引导农民自愿供给，为新农村建设做贡献。城市也要多方面支持农村发展，使基础设施建设和服务推向农村。

(2)公共事业发展一体化　近年来我国城乡差距不断拉大，农村教育、医疗卫生、农村养老等社会事业严重滞后，养老难、看病难、就业难等都成为农村的"民生"问题。实现城乡公共事业一体化，必须立足当前着眼长远，解决农民最迫切的问题，加快发展农村教育、卫生医疗事业，完善农村社会保障制度，努力改善农民生活条件。要着力推进教育事业的均衡发展，努力提高农村教育设施水平和教学质量，使城乡居民享受同等的资源。要加强农村医疗卫生设施建设，完善医疗卫生服务体系和医疗救助体系，让广大农民真正实现病有所医。还要加快农村社会保障制度建设，使农村居民老有所养，老有所依。

2. 确保财政支农资金总量的稳定增长　近年来，国家财政支农支出虽然有了较大幅度增长，但仍低于财政总支出的增长，在财政总支出份额中财政支农支出的比重明显在下降。为了提高我国农业综合生产能力，优化农村产业结构，提高农民收入，必须加大财政对农业的投入力度，做到财政对农业的投入份额随着经济的发展持续增长，并且要保障支农支出比重占财政总支出的比重合理的增加，提高农业基本建设占国家基本建设总额的比重，并且保证支农资金的合理和有效利用。

3. 调整财政支农结构 农村公共投资的不均衡性是造成地区发展差异的重要原因，这样也就逐步造成了如今的城乡差异，并且有扩大的趋势。因此增加农村的公共投资已经成为当务之急。增加农村的公共资金投入不仅可以缩小日益扩大的城乡差距，而且可得到的经济回报速度也要高于政府在城市中的投资回报速度。

现阶段社会公共力量已经凸显，政府完全可以把部分责任转移到其他团体或非盈利组织，而转身把精力集中到其他更加重要的地方，如进行财政支出的结构性调整，减少过多的经济建设费用和公共支出的虚耗，把更多的公共资源用到农村义务教育、基础设施、交通网、社会保障、农业科研等，通过调整投资优先顺序来安排有限的财政资金，切实有效地促进农村地区的长远发展，使居住在不同地区的居民能够享受到完全相同或相近的公共福利和生活设施，实现社会和谐发展。

4. 完善省以下地方财政体制 重新划分省、市、县、乡的收入范围，扩大县、乡级财政的税收来源，增加省以下政府的分享税种、扩大县、乡政府在分享税种中分享的比例，保证县、乡政府有稳定的收入来源；健全地方税收体系，寻求适应本地区经济发展的主体税种；按照受益范围和支付能力的原则，合理划分政府间的责权；扩大地方课税权力，以减少地方政府对中央转移支付的依赖；建立健全税法体系，严格执行课税机制，打击逃税、偷税不法行为，以保障税收来源。

5. 建立保障农村公共品供给的专项转移支付制度 现行以税收增量返还为主要形式的转移支付不足以实现地区间公共服务水平最低限度的均等化，应加大中央、省级财政对农村地区的转移支付力度，省级财政也要加大对县、乡财政的转移支付。因此，中央集中一部分城市地区的财力转移给农村，将在县城收取的全部税收收入包括增值税、营业税、企业所得税等税种直接划归县级财政，以直接补贴农业。这样处理较之上缴省或中央财政之后再以转移支付的形式划拨回来更为有效率。

除实行城市支农、以工补农的政策外，中央财政转移支付着力点应该有所改变，新增的教育和公共卫生支出应主要以转移支付方式投向中西部农村地区，并加大对这些地区基础设施的专项投入①。此外还要加大发达地区向落后地区的转移支付和东部地区向西部地区转移支付的力度。

（二）优化环境，鼓励社会力量和市场投入

农村公共品的有效供给可以降低农业生产成本，提高农业投资效益，优化农业产业结构，以进一步促进农村地区的经济发展，提高农民的生活质量。政府之外的社会力量或者是企业团体已经在农村公共品的供给方面显示出了强有力的优势，如非营利性组织、各种公益的社会团体等，它们既可以为农村公共品的生产和供给提供部分资金，又可以为农村公共品资金的筹集和使用提供一系列管理规范。因此，我国政府部门应该积极优化政策环境，鼓励和引导社会力量和市场投入，来确保农村公共品的有效供给。

1. 明确政府在社会力量和市场投入中的责任

(1)完善制度，建立严格的监管机制　私营部门取得某一公共品的特许经营权后，容易形成垄断优势，且凭借这种垄断优势会提高公共品消费的准入价格，损害农民的利益。针对可能会产生的这些负外部性问题，政府必须对市场供给者进行规制，运用法律手段予以规范和监管，以保护农民的权益。政府要对农村公共品的消费者给予一定的支持，由于市场追求个人利益以及信息的不对称性，政府有必要为农民提供完全的信息、产品品质鉴定以及其他必要的支持，帮助农民采取有效的集体行动同私营部门博弈，维护

① 引自南昌大学舒宏伟的硕士学位论文《现阶段中国农村公共品供给问题研究》，2009.6

农民自身利益。

(2)优化政策环境,引导社会力量投入公共品　我国现行体制下,对一些组织团体实行严格的登记、注册和业务管理规定,志愿性组织、团体在这种严格的“入口”管理制度下难以发挥作用。所以政府要放宽准入政策,加强“过程”监督,而不是将有限资源和精力耗费在限制各种组织、团体的成立上。

我国一些社会团体、慈善机构等志愿性组织运作透明度不高,组织不够严密。因此政府要规范行为,采取舆论监督和法律约束并重的方式,使这些组织运营和管理公开透明。同时要依法规范公益事业的各个环节,完善与社团、基金会、慈善信托、非营利性组织及志愿性的企业个人相关的法律法规,使其在运行中有可供操作的法律依据,切实发挥为民服务的作用。

(3)实施优惠政策,调动参与供给的积极性　首先,给予一定的优惠政策。可以在水费、电费等方面给予一定的优惠,增加可以接受捐赠的社会力量的数量,促进接收单位的多样化,对实物捐赠给予税收优惠等。其次,发放财政补贴。农村公共品绝大多数是准公共品,具有较低的营利性。为此,政府应对其他供给主体进行适当的补偿,减少他们在利益上的损失。第三,要给予精神奖励,对在农村公共品供给中有突出贡献的个体或者社会组织给予政策上的倾斜,并对有突出贡献的组织、单位、先进个人予以表扬,并进行宣传报道,形成示范效应①,以此来激励社会力量和市场向农村地区捐赠。第四,提供融资担保。当其他主体供给农村公共品出现资金短缺时,政府应当给予资金的支持,扮演担保人的角色,保证其他主体对公共品供给的持续性。

2. 树立科学的发展观和正确的政绩观

政府部门和各供给主体应该站在实现以人为本、五个统筹、全

① 引自柳士双,《农村公共品自愿供给研究》,农业经济,2007.7

面协调可持续发展的战略高度，充分认识到增加农村公共品的战略意义和紧迫性，从根本上实现发展观的转变。进一步推进政府自身改革，加快实现政府角色和职能的转换，树立以人为本的执政理念，增强责任意识。按照科学发展观的要求来指导农村公共品供给的各项实践，摆脱传统的城乡居民社会权益“天然有别”的思想观念的束缚，改善公共品的供给结构，提升公共品供给的层次，满足农民对公共品的需求。

3. 明晰产权关系　明晰产权关系是保障农村公共品供给的前提。只有明确界定私营部门对某一公共品的产权，市场资本才能在公共品的供给上拥有独立和有效的决策权。私营部门具有追逐利润的一面，要保证其能获得必要的收益外，更重要的是确立其责权关系，使私人投资者依法履行自己的职责。通过这样的方式来保障公共品的生产质量和供给需求，此外又是提高市场投资积极性的有力手段。明确职责是保障供给的关键。从某种程度上说，各级政府的供给责任划分不明确，也是导致我国农村公共品的供给不足的重要因素之一。责任不清，权益不明，势必引起各级政府之间的互相推诿。所以，各级政府应该具有明确的权责划分，实行分工供给。

二、创新农村公共品投入机制

(一)完善决策机制

1. 建立自下而上和自上而下“上下结合”的民主表达机制　在农村公共品供给中，农村公共品的供给大多数是根据政府领导的意愿和政绩观决定，而不是根据农民自身的实际需要来决定。完善供给决策机制，就必须加强政府与农民的沟通，使供给决策真正体现双方的意愿，实现农村公共品供给决策“上下结合”。

首先，政府要深入调查，充分了解供给和需求信息加强可行性分析，根据当地农村实际情况做出决策，而不是根据以个人偏好和主观意愿。其次，转变政府工作方式和工作作风，接受农民监督，基层政府应定期公开财务状况，认真听取群众意见。第三，政府在进行公共品供给决策时，最好把资源放在农民手中让其挑选，提供“菜单式”服务①，扩大农民在公共品供给决策中的表决权，确保决策的科学化、民主化、法制化。

2. 加快农村基层民主制度建设，完善公共品选择与监督机制

(1)*以投票表决的形式加强民主参与* 在村民会议或村民代表大会、乡镇人民代表大会上，由全村农民或农民代表对本村的公共品供给、事关公众切身利益的建设项目进行表决，再由政府综合考虑当地农村发展情况，来决定该地区公共品供给计划，使农民能通过直接或间接的渠道充分表达对公共品需求选择的意见。

(2)*完善农村“一事一议”制度* 要让农民在公共品供给的全过程中充分表达自己的意愿，而不仅仅是需要农民出资的时候才让农民参与到公共品的供给中来。即使是由政府完全提供的公共品，也需要征求农民的意见，深入了解供给是否满足农民的需求，是否达到供需平衡，避免供需错位。否则农民需要的公共品供给不足，而不需要的供给过剩，造成资源浪费。

(3)*充分发挥农村精英的影响力* 精英主要包括农村精英、政治精英、经济精英。农村精英指长期生活在本村，具有较高的威望和号召力；政治精英是指祖籍在本村，但在城市中有相当的权力或地位的人；经济精英是指村内在外创业成功的人士。这些精英或者能积极参与村内的公共事务并有话语权，或者能为村里的发展争取到政府的投资，或者能够为村内建设提供资金支持。他们能够影响公共品供给的需求表达及决策，在村民意见不一致的时候，可以凭借自己的影响力做出决断。

---

① 引自曾福生，李燕凌，匡远配，《农村公共品供求均衡论》北京：中国农业出版社，2006 年版

3. 激发农民的政治参与积极性 政治参与积极性和热情是农民真实表达公共品需求偏好的前提。如果农民根本不愿意参与表达，农民对公共品的需求就更不会真实地反映。激发农民的政治参与积极性必须建立和畅通农民意愿的表达渠道，给予正面的引导和培训，克服农民各种搭便车的心态，并可根据实际情况给以物质或精神奖励，努力提高基层的政治参与氛围。同时要提高农民个体素质，引导农民树立现代公民的意识，培育乡村公共精神。通过村民自治的政治实践，激发农民的民主意识、法制意识和主人翁意识，引导他们积极参与公共活动的决策监督，增强其参政议政能力。

4. 建立乡村自治性组织 我国农民是一个特殊群体，组织化程度较低，导致农民无法真实表达需求。为了规范农民的利益表达行为，维护农民的合法权益，需要建立农民自己的组织，代表广大农民参与决策，如农会、农协、农民联盟及各种专业经济组织。美国有农民协会、农民联盟、农场局三大农民团体代表农民；法国有农民工会、农民协会、农会等组织代表农民利益；日本则有全国农协联盟代表日本农民利益①。

大力发展各种类型维护农民利益的组织，不仅使组织起来的农民能有效有序地表达自己的利益诉求，还使之拥有与政府谈判的实力和自我保护能力，制衡基层政府和村委会的权力滥用，抑制公共品的“强制性”供给。通过组建发展农民组织，提高农民与政府“谈判”的砝码，引导农民科学真实地表达需求，实现农村公共品的有效供给。

5. 引导基层干部树立正确的政绩观和价值观 基层干部是农民的直接“负责人”，直接面对农民的需求和意见，他们能够详细准

---

① 引自东北财经大学吴丽文的硕士学位论文《中国农村公共物品有效供给研究》，2007.11

确理解农民的真实需求状况。基层干部的素质影响着农民的政治参与积极性和公共品供给的决策机制。基层干部直接掌握着农村公共财政资源,甚至利用权力特殊性来满足自己的私利。基层干部也可能为了树立政绩,倾向于投资一些见效快、易出政绩的短期公共项目,而不愿提供农业科技推广、农村发展综合规划等"软"公共品。因此,引导基层干部树立正确的政绩观和价值观对于完善农村公共品决策机制也具有重要作用。

(二)建立健全激励监督机制

从近年来公共品供给实践中,我们可以看到农村公共品供给中出现了股份制、私有化等多种激励机制来鼓励农民建设小型水利设施,这种制度安排使农民从中可以得到一定的分享利益,极大地激发了农民兴建水利设施的热情。完善激励机制是扩大农村公共品供给的重要保障,但是在激励机制下也必须建立有效的监督机制,确保各供给主体的投资行为合法。

1. 监管资金使用效率和效果　首先,要建立透明的县、乡财政预算制度,实行公开透明的管理机制。政府各项财政收入与支出都要列入财政预算,并由各级人民代表大会审议通过,实行乡、村两级政务公开、事务公开、财务公开,定期将收支情况公之于众。政府要树立效率观念,控制农村公共品供给的成本,要引进科学的支出分配方法,制定符合实际的支出标准,精简财政资金拨付的中间环节,增加公共资源使用的透明度,对支农资金实行全方位、全过程的科学管理和监督。

其次,把各个渠道、各支出科目的资金联合在一起,在政府机关内部确立节约成本、提高效益等手段,减少浪费,提高效率。将政府部门的资金使用情况同经费拨款额、转移支付额联系起来,发挥财政投入的整体功能和规模效益,提高财政资金的激励和约束机制。

第三,建立农业专项资金的绩效评价指标体系和考核机制,发挥内部审计监督的作用，实行重点抽查、财务审查、财政审计检查相结合，进一步完善项目评估制度、项目法人责任制、跟踪检查制度、工程监管制度等各项管理制度，努力提高专项资金的使用效率。

2. 建立有效的监督网络

（1）*在乡镇村建立起三级监管网络和监督机制*　通过村理财小组或者村民代表的讨论和表决来确定村集体的资金筹集、资金使用和管理。由理财组或村会计部门监督全村的财务收支，由广大村民评审财务单据，村委会要定期向村民公布账目，实行阳光财政、透明行政，扩大民主参与的途径和方式，接受广大村民的监督，增加公共资金使用的透明度。发挥各级人民代表大会的监督、检查作用，确保公共资源的合理使用，及时查处各种违规、违纪行为，充分发挥社会审计监督作用，将公共资源的使用置于严格的社会监督之下。

（2）*建立健全公共品供给绩效评估机制*　建立公共品供给的绩效评估机制，加快改革现行的考核制度，把农村公共品供给的数量和质量纳入干部政绩考核体系中。长期以来一些公务人员热衷“政绩工程”，喜欢按政绩要求供给公共品，而不是从农民的利益出发。要破除这种只看重显绩不看重潜绩的风气，就必须将农村公共品供给的决策、执行、监督等各个环节以及农民的评价和满意度都纳入绩效考核体系。在考核农村公共品供给状况时，充分重视那些“软”性公共品和期限长、见效慢但具有战略性的农村公共品，主要关注公共品供给的质量，最后由农民做出评判。同时加大群众监督，使领导干部的政绩需求与农民对公共品的需求基本一致，从而优化农村公共品的供给结构。

3. 发挥新闻媒体的监督作用　农民作为弱势群体，在信息不对称的情况下很容易陷入“无知”的状态。在缺乏法律法规约束和群众监督的情况下，政府不愿实行财务、政务公开，而农民没有规范的组织，缺乏集体行动的强大动力，而使自己处于信息不对称的弱势地位。新闻媒体作为社会监督力量，是信息公开的重要渠道。

要充分发挥新闻喉舌的监督作用，美国历史上的“扒粪运动”(muckraking)[①]就是依靠新闻媒体的促进力量，有力地制止了腐败的蔓延滋生，促进了美国社会的改良，使当时腐败肆行的美国行政界面目焕然一新[②]。建立健全新闻媒体和群众监督机制，比如设立举报箱和举报电话、成立有关部门和农民代表共同组成的监督组织等，对群众反映、举报的问题要及时调查处理，并让新闻媒体对问题的处理情况跟踪报道，对在农村公共品供给过程中的贪污腐败行为予以曝光，从而实现农村公共品的有效供给。

(三)建立多主体联合投入机制

当今公共品理论的发展为供给主体的多元化提供了可能，并且论证了公共品的供给由单一的主体走向以政府为主导的多元主体是可行的而且是富有成效的。因此，必须建立以政府为主导的多主体联合投入机制。

1. 供给主体多元化 本书按照公共品供给内容将供给主体分为4类：政府、农村社区、市场、社会力量。

政府主要涉及两类公共品的供给，一类是关系到国家总体利益和农民基本权利的农村公共品，如农村义务教育、基本医疗卫生、社会保障服务等；一类是那些覆盖全国范围的农村公共品，如农业和农村管理服务、农村农业科技成果推广、全国性的农业信息传播等。

农村社区负责提供村落范围内与村民的生产、生活密切相关

---

① 19世纪下半叶，百来个经济巨头控制了美国的经济命脉，奉行所谓“只要我能发财，让公众利益见鬼去吧”的经营哲学，引起了社会公众舆论的强烈不满和抨击。新闻媒体撰写2000多篇揭露实业界丑闻的文章，形成了近代美国史上著名的“扒粪运动”。当时的揭露黑幕运动推动了美国政府的一系列改革，给后世留下深远的影响

② 引自杨红，《中国农村公共品特殊论》，北京：中国税务出版社，2006：223

的产品或服务，如村内的路灯建设、街道建设等。

对于农村公共品中外部性不强、进入成本不高的公共品或服务，可以按照市场原则由私人、企业提供。

社会力量也是农村公共品提供主体之一，如各种公共事务专业协会、非营利组织以及基金会等，为农民提供相应的技术服务和生产信息，一般涉及政府和市场失灵的领域。

2. 供给方式多元化 针对农村公共品的不同特性，主要有以下几种供给方式。

(1)政府直接供给 采用这种供给方式的农村公共品一般有很强的外部性，难以直接对消费者收取使用费，如大型水利设施、农村义务教育、农村公共卫生等。这种供给方式不带有任何盈利性，免费供给公共品。这种供给方式比较随意，没有竞争和压力，容易造成资源浪费，效率低下。

(2)政府投资，法人运营 这种供给方式针对的公共品一般自然垄断性较强、单位投资额较大、带有一定的私人性，比如农村电力、电信业务、高速公路等。经营者可以向消费者收取费用。这种方式下，政府有最终决策权但是又不必对经营活动亲自操作，同时法人有自主经营权，责任明确，服务质量高。这种供给方式将市场机制引入政府直接投资领域，但政府仍旧是投资者，并承担风险。

(3)实行公私合作 这种供给方式是指公共品的提供者是政府，公共品的生产者是私人部门。采用这种供给方式的公共品一般具有一定自然垄断性、单位投资额不大、产品私人性强而且容易收费等特点。这种供给方式减轻了政府财政负担，同时扩大了消费者的选择范围，提高了供给效率。公私合作方式有以下几种。

一是合同承包方式。政府确定某种公共品由私营部门经营的数量和质量标准，通过招标形式对外承包。中标者和政府签订合同，并按照合同向农民提供公共品，即企业生产，政府付费购买。

二是特许经营方式。政府可以将特定的公共品生产条件的垄断性特权给予某一私营部门，被授权者在这一特定领域提供特定服务，禁止其他私营部门自由进入。即政府授权与监管，私人企业生产，消费者向企业付费。

三是政府补贴方式。即政府通过投资参股、按业务量补贴、无偿赠款、提供低息甚至无息贷款、提供借款担保、无偿或低价提供土地、减免税收等方式，促使社会向公众提供公共品。

(4)由社会力量生产提供　对于农村公共品中进入成本不高、盈利不高、不存在收费困难的公共品或服务，可以由社会力量与政府共同投资，混合提供这类公共品。政府通过补助降低公共品价格，社会力量可以通过收取一定的费用来取得投资回报。

(5)俱乐部方式供给　小范围的低级公共品，如灌溉、治虫、农产品的加工和流通、大型农用器械等，由于其外溢性小，受益群众相对固定，可以把农民组织起来通过俱乐部的方式提供。这种方式下公平地向成员收取费用，这些费用用于公共品的成本分担，其产品和服务基本只向成员开放，每一成员既是投资者、建设者，又是消费者。

(6)乡镇联合供给　为达到供给的规模效应，邻近辖区之间可实行乡镇联合供应，拓宽公共品建设的投资、融资渠道，以提高公共品供给的效率。

3. 筹资渠道多元化

(1)政府财政渠道　政府财政资金的主要用途就是公共品的支出，财政渠道应是农村公共品供给最主要的、最稳定的资金来源。一方面要健全分税制，增强地方政府的财力。中央政府要以事权定财权，根据不同的责任赋予相应的财权，加大地方政府的财力，尤其是县乡政府的财力。加大城市财政向农村地区转移支付的力度，将部分财政收入返还给基层政府，弥补财政不足。另一方面要提高资金管理效率，改革支农资金管理体制。提高项目资金制度的透明度，加强涉农资金拨付、使用的监管。

(2)市场筹资渠道　一是采取有偿酬资的办法,发行国债和专项基础设施建设债券,有偿筹集农村公共品生产和建设资金,提高资金的市场使用效率[①]。地方政府也可以依法面向社会和个人有偿集资。二是充分运用信贷资金,供给主体可以先通过中国农业银行、农村信用社、农村信贷担保机构、农业发展银行等各类金融保险机构融资,取得供给公共品的资金,然后在通过收取费用、分担成本等偿还贷款。三是通过出售公共品项目的经营权、使用权来筹集资金。

(3)社会力量筹资渠道　这种集资渠道是各种社会力量通过社会活动引导社会各界捐助来筹集资金,包括各种专业协会、基金会、非营利组织等慈善机构的捐赠,也包括民间营利组织的捐赠和个人的捐赠。要充分发挥各种社会力量,可以定期开展为农村地区筹资的公益活动,使社会各界积极参与进来,并对他们的善举加以宣传鼓励,尤其倡导企业和富人捐助。

(4)国际筹资渠道　随着改革开放程度的加深,我国与国际社会的交流与合作越来越多,同时也为农村公共品争取了更多的国际资金,包括各种国际组织的非商业性资金,国际非政府组织小规模援助资金等。一些国家、国际组织和非政府组织与中国在扶贫领域开展了广泛的合作,联合国开发计划署在中国开展了一些扶贫开发项目和研究项目,欧盟、英国政府、荷兰政府、日本政府、德国技术合作公司、亚洲开发银行、福特基金会、日本凯尔、日本协力银行、世界宣明会、香港乐施会等也都在中国开展了扶贫开发项目,并取得了很好的成效[②]。今后应该更加注重与国际的广泛交流

① 引自湖南师范大学何赛雄的硕士学位论文《当前我国农村公共品供给问题研究》,2006

② 引自黑龙江农业网《中国的农村扶贫开发白皮书(下)》,http://www.hlj01.com/Article/zcfg/nmfd/200502/67.html

合作，为农村公共品吸引更多的资金。

【案 例】

农村公共品多层次供给案例①

1. S村公共品供给的基本情况

H县S村位于西安，距离西安市约50千米，现有6个生产小组。截至2007年年底，该村共有346户村民，人口约1600人，耕地154.8公顷。该村无村办企业，农民基本以农业和打工为主要经济来源，2007年该村人均年收入2000元左右，是一个比较典型的关中村庄。

改革开放后，村委会依靠出卖资产取得了不少收入，向农民供给了一些公共品，最典型的是电视机。在该村的比较特殊的传统节日，村上还会出资为村民放电影。然而，随着农民收入的不断提高，电视机也从公共品变成了私人产品。从20世纪80年代后期到90年代，S村的村民再也感受不到村委会的服务。当时的农村公共品供给则陷入了停滞状态。

1999年，当选的新干部在上台初期希望有所作为，所以他们急切地想为村民做点实事。经过村委会的运作，县电力局同意对S村实行线路改造。由县电力局出资26万元，村集体通过出售集体成材树木垫资10万元，村民集资5.4万元，这次的线路改造使S村村委会严重地透支。在随后的几年中，S村村委会在公共品建设方面唯一的建树就是配合电信部门为村里大多数居民安装了固定电话。

然而，当邻村——L村在村内修了水泥路之后，村委会受到了

① 本案例摘自西北大学王永莲的博士学位论文《我国农村公共品供给机制研究》，2009.6，笔者进行了删减

村民的埋怨甚至谩骂，村干部感受到了前所未有的压力。在这种情况下，村委会制定了由村委会出资、村民集资和上大学后在外工作的人员捐款的方案。2003年11月S村在村委会的领导下，启动修水泥路的工程，耗资30万元左右，于2004年6月完工。2005年，S村又通过出租村留地，获得了近10万元的收入，村委会又启动了自来水工程。然而，由于资金短缺，没有钱铺设管道，工程不得不又停了下来。后来，村委会多方运作，国家有关部门拨付了18万元的建设资金，2007年国庆节前，全村终于通上了自来水。

2. S村几个邻村公共品的基本情况

S村有四个邻村——L村、Q村、C村、W村。在公共品的供给上，各村既有相同的方面，又表现出了一定的差异。

L村和S村一样，收支状况并不好，凭该村的力量无力供给农民所需的公共品。但是该村有一位富裕的华侨——王某，王某晚年为了回报家乡，为家乡做了多样善事。目前水泥路、医院、学校等公共品在该村一应俱全，甚至还有一个戏楼、一个天主教堂。以上善事开支完全由他一人支付，由村委会组织，村民义务出部分劳力。王某在做以上善事时是完全出于一种利他的动机。这种利他动机的结果是他为家乡提供了大量的公共品，不仅本村村民，其他多个村的村民也因此而受惠。

Q村的情况与L村略有不同。20世纪90年代中期，该村一位著名企业家因收入颇丰，一方面是由于自己办企业需要，另一方面受到当地舆论的影响，该企业家不仅为本村修建了水塔、学校、医院，还修了出村路、村内道路。与L村相同的是，在修建这些公共设施时，也是由该企业家出钱，村委会组织，村民义务出部分劳力。但与L村王某不同的是，该企业家在提供这些公共品时，一方面是出于利己的动机，但同时也供给了让他人"免费搭便车"的公共品，在"利己"的同时又"利他"。

客观地看，L村、Q村的情况相当特殊，因为富裕的华侨、著名企业家毕竟是凤毛麟角，不可能在每个村都出现。相比之下，以下两个村的情况更具有现实意义。

与S村自来水工程建设的同时，S村的邻村C村则通过另外的途径也建起了水塔。C村在当地是个大村，截至2007年底，全村有近4000村民，在人均收入等方面的情况与S村大致相同。由于该村人数众多，意见难以统一，所以在S村水泥路已经修好的情况下，C村的水泥路却在村民的谩骂声中迟迟无法开工，但C村由于通过政府工作人员运作，一次性得到了50多万元的财政拨款支持。2007年，该村不仅修起了水泥路，水塔也修起来了。

W村是S村的另外一个邻村，该村人口较少，只有不到800人，由于该村人口相对较少，而村党支部书记威信又较高，因此做事也稍微容易一些。2003年，该村修好了水泥路，并在村容村貌方面进行了主动地治理。在村委会的努力下，该村成了H县社会主义新农村建设的示范村，省、市领导多次前来参观。在这种背景下，该村向上级政府申请拨款时十分容易，目前该村的水塔、篮球场等设施十分完备，在村委会办公楼前还修了一个有假山、喷泉的花园。

从S村农村公共品的变迁以及与邻村的对比来看，单一的主体已经无法满足农民对农村公共品的需求，最有效的解决之道就是建立多主体联合供给的机制。任何一种公共品的供给，无论其供给主体是谁，村委会在其中的组织作用都是不可替代的，农民的自愿供给在公共品供给中越来越凸显。

第五章　农村社区服务总体状况

2006年10月8日至11日在北京举行的中央十六届六中全会上审议并通过的《关于构建和谐社会若干重大问题的决定》提出了农村社区建设的任务，提出“要完善公共财政制度、逐步实现基本公共服务均等化”，要“全面开展城市社区建设，积极推进农村社区建设，健全新型社区管理和服务体制，把社区建设成为管理有序、服务完善、文明祥和的社会共同生活体”。“基本公共服务均等化”的理念被纳为新时期的发展战略。各级地方政府在党中央的领导下，立足于当地实际，积极探索社区服务体系的建设途径，取得了一定的成绩。但是伴随着实践的发展以及研究的进一步深入，农村社区服务供给不足、供给结构扭曲、城乡之间收益权严重不公平的现实状况也日益凸显出来，严重阻碍了农村社区服务体系的建设及基本公共服务均等化目标的实现。本章内容主要包括农村社区建设状况、农村社区服务体系建设及公共服务供给状况两个部分，以期能够从整体上全面把握农村社区服务的总体状况，为健全完善农村社区服务体系，保障农村公共品投入的方法和途径寻找对策依据。

第一节　农村社区建设状况[①]

当前，我国农村公共品供给依然面临着诸多困境，如制度困

① 本部分内容主要摘自中国改革论坛2010年7月10日的文章《我国农村社区建设的现状、成效及探索——访民政部基层政权与社区建设司副司长汤晋苏》，编者进行了删改和整理

境、体制困境和机制困境等，致使我国农村公共品的供给数量不足、质量不高、结构失衡。而以社区为载体的农村公共服务供给机制能够准确判断和掌握广大农民群众的需求信息，从而提高对农村公共品的配置效率，更有效地满足广大农民群众对公共品的多元化需求。为此，我国各级政府为促进城乡基本公共服务均等化，进而解决当前农村公共品投入不足及效率低下的问题，正在大力推进农村社区建设工作。

一、民政部采取的具体措施

为推进农村社区建设工作，民政部作为主管部门主要采取了以下5项措施：一是下发了《关于做好农村社区建设试点工作推进社会主义新农村建设的通知》，决定在全国有条件的地区开展农村社区建设的研究探索和试点工作；二是召开"全国农村社区建设工作座谈会"，充分论证了开展农村社区建设的重要意义，提出了积极开展农村社区建设实验工作的要求；三是印发《全国农村社区建设实验县(市、区)工作实施方案》，引导各地围绕农村社区管理体制和工作机制创新、农村社区建设主要内容、农村社区公共服务、农村社区互助服务和社区服务业、农村社区建设的宣传和培训、农村社区社会工作人才队伍建设等六个方面进行实验；四是确定了一批全国农村社区建设实验县(市、区)。经过县级政府自愿申报、地市级民政部门推荐、省级民政部门把关、民政部审查同意，全国共确定了304个县(市、区)为"全国农村社区建设实验县(市、区)"；五是连续举办三期"全国农村社区建设实验工作讲习班"，搭建一个学习交流、开阔视野、沟通工作思路的平台。

二、农村社区建设取得的成效

我国农村社区建设工作开展的时间虽然不长，但已经取得明显的成效，具体体现在以下4个方面。

一是有力地推动了社会主义新农村建设，推动了农村基础设施建设，改善了农民群众的生活水平。农村社区建设以农村基础设施建设和整治农民生活环境为重点和突破口，直接提高了农民群众的居住、出行和生活质量。江西、山东、江苏和湖北等地在农村社区建设中，整修兴建农村道路、桥梁、疏通塘坝河堰，整治村容村貌，改水、改厕、改灶、改圈，兴修农村社区文化体育设施，推动了农村生活环境的改善。

二是为发展农村社会事业搭建了有效平台，提升了农村公共服务水平，满足了农民的基本需求。农村社区建立后，积极协助政府相关部门开展工作，承担了大量具体的社会事业和公共服务工作。农村各种社会保障、社会福利、社会救助人员的基本信息、动态跟踪等基本档案数据的建立，相关资金、补贴的发放，人员管理、信息更新、服务开展等工作都是依托农村社区开展，农村社区成为推进农村社会事业和公共服务的重要平台。

三是促进了乡镇机构改革，推动了乡村管理体制改革，推进了农村城镇化进程。农村社区建设开展以后，农民居住趋于集中，形成了规模和集聚效应，使在农村社区建立各种政务、事务服务设施成为可能。目前大部分农村社区不仅建立了社区服务中心，而且还结合农村社区建设，有的在乡镇设立“政府超市”一类的行政事务管理与服务中心，不仅直接服务了广大农民群众，还为有效承接乡镇机构改革，转变乡镇政府职能，构建服务型乡镇政府提供了重要的基础。农村社区建设还为推进农村村庄合并与城乡一体化等农村管理改革提供了重要契机，不仅有效地化解了原有乡村管理中的诸多矛盾，而且使村庄在经济实力、产业发展、社会管理、社区服务等方面趋向规模化、集约化，提高了农村的城镇化水平。

四是调动了群众参与民主管理的积极性，改善了农村党群、干群关系，加强了农村社会管理，推进了社会自治功能的发育。随着农村社区建设的开展，农村公共事务增多，公共生活日趋活跃，民主管理的范围进一步拓展，形式进一步丰富。以前，部分基层干部对农民重管理、轻服务，不少地方党群、干群关系不睦。成立农村社区后，社区干部转变了观念，主动为居民服务，加强了与群众的沟通，赢得了广大农民群众的拥护。

【案　例】

文登：农村社区吹来幸福季风[①]

“以农村的社区化带动城乡一体化，着力提升农村公共服务、激活富民产业、改善人居环境、促进乡风文明，是全市统筹城乡经济社会又好又快发展的必经之路和必然选择。”文登市委书记王亮这样认为。

1. 优化服务，打造“十分钟生活圈”

文登市侯家镇南廒村社区不仅有蔬菜、水果、熟食、日用百货一应俱全的便民超市，笔者还在南廒村社区服务中心看到，警务室、卫生室、妇女之家、老年活动中心、便民洗浴中心一字排开。南廒村党支部书记徐国刚介绍：“村里投资300万元建设了这个社区综合服务中心，不但可以让本村村民实现日常购物、小病治疗、文体娱乐、培训阅览、农资供应、民事调解‘六不出村’，还开辟了专门的服务场所，用于镇机关干部集日到村现场办公，集中解决群众在社会保障、计划生育、社会救助、劳动就业等方面的问题。”

在南廒社区建设布局示意图上，笔者看到，受南廒村的中心带动，周边小洛村、西廒村、吴家滩等9个村3 000多户也享受到了便捷的生活服务。在距南廒社区最远的二马村，支部书记刘新明说：“只用十分钟，村民就能到南廒社区综合服务中心享受到南廒村民一样的‘待遇’。”俨然，在综合服务中心的辐射带动下，南廒社

① 本案例取自人民网2010年4月28日的同名文章，编者进行了删减和整理

区形成了一个“十分钟生活圈”，而这，也是文登社区建设的一个样板。

2. 整合资源，社区发展注入“催化剂”

经济强村与弱村合并，在弱村建设新型社区；企业与村庄联合开发生态农业、观光农业，村企联合建设新社区；依托工业园区，将几个村庄整合，集中建设农村大型社区是文登推进农村社区建设的主要方式。文登市龙山街道办事处段家疃正是因为成功并入西楼居委会（文登市村居中经济实力最强、人均生活水平最高的城中强村之一，拥有25家企业，年集体收入超过4亿元），才实现了从一个城郊小村到新型小区的“华丽转身”。

2009年4月，西楼居委会与段家疃村联手，合并后原段家疃劳动力全部安排就业，年人均收入从4 000元一下子超过1万元，段家疃人还可以享受西楼社区的养老、教育、医疗、福利等各项待遇。按照规划原段家疃土地将集中开发，西楼党委书记鞠小平指着规划蓝图，豪情满怀地说：“村居合并建社区，为强弱村‘互动’发展注入了‘催化剂’，未来几年，西楼将努力建设一个以金岭山庄为中心，融合周围10～15个村的现代化新型农村社区的样板。”

此外，文登市还采用“工业下乡”的方式“催化”农村社区经济发展，引导企业把加工点设进社区，把一些技术含量较低、适合农民生产的家纺、电子、五金工具、机械配件等劳动密集型产品和项目交给农民加工。据不完全统计，目前文登已有200多家工业企业走进社区办厂设点，总数达4 000多个，11万多农民从中受益，年下放加工费约6亿元，全市农民平均增收近2 000元。其中，仅家纺产业就有加工点3 000多个，可吸纳10万名妇女就业，每年发放加工费5亿多元。同时，文登市围绕无公害蔬菜、皮草、奶业、生猪、肉食鸡、水产品生产及加工、出口花生、优质水果、西洋参九大产业，支持龙头加工企业发展和交易市场建设，走“公司＋基地＋农户”的发展路子，并吸引农村社区群众融入产业链条，以高效特色农业带动农民增收致富，目前全市农业龙头企业发展到63家，有84个无公害、绿色和有机食品，154个农民专业合作社。

3. 巧妙“转身”，打造绿美亮净家园

人居环境的差距是城乡之间最直观、最明显的差距，也是影响农村社区化发展的瓶颈。为尽快改善农村社区环境面貌，促进农村社区化发展，文登市自去年开始，全面启动实施了农村环境综合整治和农村居住两大工程。其中，以“三清”，即清理草堆、粪堆、垃圾堆，清理乱搭乱建，清理污水漫流；“三化”即硬化、绿化、亮化为重点的环境综合整治活动规划三年整治200个村。

在全国重要的水貂等毛皮动物养殖基地侯家镇，清理貂粪一直是众多养貂户的心病。由于貂粪含盐量高，对农作物生长有害，大部分养殖户都选择把它堆在路边，对农村环境造成很大影响。在环境综合过程中，侯家镇与北京一家公司合作，投资800多万元，在侯家社区建设了占地两万平方米、年产两万吨的有机肥厂，将貂粪、鸡粪和农作物秸秆等废弃物作为原料，生产无污染的有机肥料，一举消化了周边近百个村粪堆清理难的问题，还为村民增加了收入。

在“消化”草堆上，侯家镇也有“新招”。在环境整治过程中，镇上帮南潘家村联系了一家农用机械厂，购进了秸秆挤块机，村里的草堆全部‘瘦身’，搬进了草厦子。笔者了解到，挤压成的秸秆方块不但方便储藏，而且是新型的牲畜饲料，由于运输便利，已经有多家奶畜养殖企业与潘家村签下饲料订单。

在推广应用挤块机的同时，文登市还在农村社区规划建设集中堆草地，将农户门前草堆全部“搬家”，并在集中堆草地周围浆砌矮墙，或密植绿化苗木，彻底改善草堆影响农村环境的问题。宋村镇山东村还在集中堆草地的围墙上彩绘了回龙山文化广告，不但围起了难看的草堆，还成为农村面貌的亮点。党支部书记林乐清说：“草堆围墙广告成了村里的一张‘名片’，今年李龙文化山会期间，游客都称赞回龙山下有个漂亮的山东村。”

文登市还将城市环境管理办法运用到农村社区环境整治当中，探索实施“村保洁、镇清运、市处理”的城乡环卫一体化工程，各村负责将垃圾集中收集，镇出资购置垃圾清运专用箱，市环卫处负责定期清理镇村的生活垃圾。今年，文登市环卫处新上20吨位压缩清运车4辆，新增垃圾清运箱500多个，把城区环境卫生管理的触角向所有镇区延伸，并进一步延伸市污水处理厂管网，将靠近城区的镇、街道办事处的生活污水并入市污水处理系统，预计到明年全市可全面实现镇区农村生活污水集中处理。

此外，文登近几年还先后启动实施了村村通油路、通客车、通自来水、通有线电视、通远程教育工程，并投资4.2亿元，改造硬化农村公路1 650多千米，开通了184辆农村客运班车；投入1.5亿元，对农村自来水进行了全面改造；加快农村卫生厕所改造，全市新建沼气、完成改厕均超过1万户……

4. 群策群力，共建共享新社区

4月15日，环山街道办事处东坑社区综合服务中心施工现场一派繁忙景象。东坑社区支部书记贺传波说：“工程进展得这么快，全靠计生局帮忙。”

东坑社区是计生局新一轮“包村联户、富民强村”的对口帮扶对象，在对东坑社区进行详细实地调查中计生局发现，东坑社区各项基础服务设施比较落后，群众也缺少休闲娱乐的场所，当即决定投资10万元新建一处拥有村级组织活动场所、文化、卫生、超市、洗浴、健身等公共服务设施为一体的社区综合服务中心。

面对农村社区建设进程中出现的资金瓶颈，文登市发动各级部门单位广泛参与，在全市形成共同建设农村社区的合力。开展了“百家部门办实事、千名干部解民忧、万户群众得实惠”活动，市几套班子领导带头参与农村社区建设，每人负责联系一个镇，帮助解决实际困难，并实施了“包村联户，富民强村”工程，组织200多个包村部门和企业帮助包扶村完善配套设施，建设社区服务中心，近三年共投入包扶资金、物资达2 000多万元。

借助包扶部门外力的同时，各村还积极发掘内力，共同推动农村社区建设。在张家产镇口子李村，村民王文水个人掏出7 000多元，用于村头深沟填埋，并整治建设小花园，改善村内环境，在外工作的王文俭也主动拿出15吨水泥，支持村里小街小巷硬化。大家的热情高涨，王文卿老人也坐不住了，爱好园艺的他将多年侍弄的20多株盆景捐了出来，为村内花坛增添了一抹靓丽的风景。

多方力量的共同参与下，文登农村社区建设快速推进，社区化发展对增加农民收入，改善农民生活质量的作用也日益显现。张家产镇永福社区整合了8个村超过67公顷西洋参资源，吸引了南方两家参行在该片设立了分公司，实行现场收购、就地加工，省去了中间环节，一举改变了散户单打独斗，被商贩压价收购的局面，使西洋参销售价格比散户单卖平均高出5%。张家产镇党委书记张晓威说："社区化发展，使得人力、资源、资金等要素得以联合，社区成员各村在思路、行动上合拍合辙、步调一致，发挥出了'1+1>2'的效应，有效推进了区域统筹协调发展。"

放眼文登农村大地，社区建设快马扬鞭，社区经济发展活力凸显，农村大地迎来了一个阳光明媚的春天。

第二节　农村社区服务体系建设及公共服务供给状况

农村社区服务体系是社区组织有效运转、开展社区服务活动的载体，是凝聚社区的人心、人气，提升社区共同体意识的重要基础，更是建设全面小康与和谐社会的重要基础。积极推进农村社区服务体系建设，是落实《中共中央关于构建社会主义和谐社会若干重大问题的决定》关于"完善公共财政制度，逐步实现基本公共服务均等化”的精神，贯彻党的十七大关于“要加快推进以改善民生为重点的社会建设，着力保障和改善民生，推进社会体制改革，扩大公共服务，完善社会管理，妥善处理人民内部矛盾，促进社会公平正义，推动建设社会主义和谐社会”的必然要求；是统筹城乡发展、深入贯彻落实科学发展观，建设全面小康社会与和谐社会的必然要求[①]。

一、农村社区服务基础设施体系建设及公共服务供给状况

农村社区服务基础设施体系是保障农村公共品投入的客观物质基础，因而也是农村社区服务体系建设的前提和基础。农村社区服务基础设施体系所包含的内容很广泛，本书不做一一详细介绍，将着重从以下几个方面来说明当前我国农村社区服务基础设施体系的建设情况。

（一）医疗保健设施

健全和完善农村社区医疗保健设施体系，发展农村社区卫生服务，对于解决广大农民群众“看病难、看病贵”问题，提高预防保健水平具有重要意义。在地方政府的引导与支持之下，农村社区经过几年的探索与实践，逐步健全与完善了社区医疗保健设施体系，为广大农民群众提供了及时、方便、有效、优质、价廉的医疗卫生服务，降低了广大农民群众的经济负担，适应了广大农民群众日益增长的医疗保健服务需求，较好地解决了广大农民群众的“看病难、看病贵”问题。然而，受经济、文化、科技等多种因素的影响，我国农村社区医疗保健设施体系的建设出现了优劣层次，不同发展

① 引自中国社会报2008年7月22日登载的文章《〈全国农村社区服务体系建设研究报告〉论证会提出农村社区服务体系建设必须有明确的目标和实施步骤》，作者郝海波

程度的地区医疗保健设施体系建设的程度不同，但也存在着不少共性问题。

一是社区经费不足，引发了医疗保健设施建设滞后，医疗设备不足以及卫生技术人才缺乏等问题。农村社区医疗保健服务的重点是开展预防保健、健康教育、疾病监测等工作，而这些基本上都是无偿服务，致使农村社区提供医疗保健服务越多就会亏本越多，挫伤了从事社区医疗保健服务工作人员的积极性。同时，社区医疗保健服务机构（如社区卫生服务站、村卫生室等）的建设、医务人员的聘用以及其他社区工作的开展都需要经费，而农村社区自身经费有限，自然会导致对医疗保健设施体系建设的经费投入不足。这两个方面的原因致使农村社区医疗保健设施建设滞后，医疗设备不足，卫生技术人才缺乏。

二是医疗保健服务机构设置不合理，浪费了社区医疗保健资源。目前，我国农村社区医疗保健服务机构如卫生室的设置主要是一村一室，没有充分考虑人口分布、交通条件及服务半径等因素，致使有些地方医疗保健资源不足而有些地方的医疗保健资源却相对过剩，造成了有限社区医疗保健资源的浪费。

三是医疗保健服务机构的整体素质低下，阻碍了农村社区医疗保健设施体系服务功能的充分发挥。由于社会力量对农村社区的医疗保健服务还不是很重视，从事社区医疗保健服务的工作人员相对较少且整体文化素质较低，很难充分发挥出社区医疗保健设施体系的服务功能。

【案 例】

章丘市开展农村社区医疗卫生服务的做法①

章丘市农村社区卫生服务工作在市委、市政府领导和上级业务部门指导下，经过5年的学习、认识和实践，结合章丘市工作实际，探索了农村卫生以社区卫生服务为总抓手，融改貌建设、一体化管理、新型农村合作医疗、初级卫生保健为一体的管理模式，在开展农村卫生工作中发挥了积极的推动作用，使章丘市各项农村卫生工作走在了济南市乃至全国县区级单位的前列。2005年1月6日，卫生部农村卫生管理司副司长张朝阳、初级卫生保健处处长王雪涛一行到章丘市调研，对章丘市经过5年多的努力，构筑起80万农民健康工程，给予了高度评价。

1. 改貌建设力度大，为社区服务开展夯实了基础

为搞好章丘市社区卫生服务工作，从1999年开始，首先整合卫生资源，从规划整建服务站入手，按服务半径每1千米服务人口2 000人左右计算，将原来的一村一室，近千余个村卫生室改建成469个村社区卫生服务站。目前已有401处村卫生所达到了“五室分开”、“四化”标准，385处村卫生所建成开放式药房，179处达到济南市甲级卫生所标准，47处卫生所从建设和服务功能上达到社区卫生服务示范站标准。

2. 强化一体化管理，稳定了乡医队伍

在镇、村卫生机构管理一体化中，继续强化乡镇卫生院一体化的作用，按“三制六统一”的管理模式，对村级卫生机构进行指导管理。通过每年一度的乡医考试和聘用工作，强化了乡医的被管理

① 本案例摘自东北林业大学周航的博士论文,《中国农村社区医疗卫生服务体系建设研究》,2010

意识和业务素质，使乡医能够按有关法律法规来规范行医行为。2004 年章丘市组织 2 313 名乡医参加了考前辅导培训和山东省统一组织的考核，对乡医每年实行 1 次聘任和注册登记。章丘市有 5 个乡镇 407 名乡医参加了商业养老保险，累计交纳金额 141.7 万元。有 17 个乡镇 1 371 名乡医参加章丘市养老互助金制度，累计交纳金额 153.4 万元。药品统购分发持续发展，近几年村卫生机构每年统购分发的药品都在 4 000 万元。乡镇卫生院除对乡医开展法律法规教育和每月 1 次所长例会及组织有关业务培训外，与市医管所积极配合，开展清理无证非法行医，药店坐堂行医等工作，每年清理整顿医疗市场，共监督检查 1 000 余户次，立案 50 起左右。加强了医疗质量监督管理，严格各项操作规程和消毒隔离工作制度，减少了医疗差错和医疗事故的发生，从而保证了正常的医疗秩序和群众用药安全。

3. 为合作医疗注入活力，促进了工作开展

在新型农村合作医疗试点中，能否在村级卫生机构实行报销成为参加合作医疗人数多少的一个焦点。由于我们整合了村级卫生机构，为开展新型合作医疗和社区卫生服务奠定了基础，通过承诺并实行了村级卫生机构也作为新型农村合作医疗报销点，又通过社区卫生服务为群众提供了及时、方便、优质、高效、价廉的服务，提高了群众满意度，调动了群众参与的积极性。在开展新型农村合作医疗等项工作中，乡镇卫生院职工和全体乡医都发挥了积极的作用，通过实施包村、包片、进村入户的五入户制度——包村干部、乡镇长、卫生局、卫生院干部要入户，包村职工要入户，宣传年画要入户，明白纸要入户，合作医疗证要入户：做反复细致的思想工作，总结了“4 个 5 分钟”，即进门先宣传政策 5 分钟，然后听取意见、建议 5 分钟，解释答疑 5 分钟，思想不通反复做工作 5 分钟。保证了工作任务的完成，实现了乡镇参合率 100%，村民参合率 82%的目标。从近一年的运转情况看，通过加强资金严格管理，及时为群众报销，为就诊者免费进行1次查体，保证了新型农村合作医疗的健康发展。

4. 社区医疗卫生服务使初级卫生保健工作得到升华

社区卫生服务的开展，使初级卫生保健的内容更加充实，工作指标进一步量化，工作资料更加完善。在开展社区卫生服务的过程中，将初级卫生保健规划目标和具体工作指标分解落实到社区卫生服务站，利用社区卫生服务人员与群众密切接触的有利条件，进行健康知识宣传和技术指导，使初级卫生保健工作内容做得更实。如妇幼保健工作与社区卫生服务结合后，增加了查体和上门服务次数，使市、乡两级妇幼保健管理人员能及时了解基层妇幼保健情况，更好地制订保健措施，保证了孕产妇系统管理率达到96.64％，入保率达97.36％，儿童系统管理率达91.45％。新生儿疾病筛查8 213人，筛查率95.26％，儿童计划免疫接种294 510人次。通过社区卫生服务的开展，使初级卫生保健工作更加制度化、经常化，资料能及时搜集和整理，保持资料的完整和连续性，巩固了初级卫生保健达标成果。

5. 试点引路，全面推进，社区卫生服务工作成效显著

章丘市社区卫生服务工作在前段全面普查、建立4种重点人群和9种疾病档案、入户服务、规范管理的基础上，2004年又突出抓了高标准的示范站建设和社区卫生服务中心工作的开展，对全市辖区居民全部进行了健康查体，实行一户一袋管理，对60岁以上老人和高血压病人实行一人一档病案管理，增强了档案的科学和实用性。截至目前，全市22个乡镇，29个高标准的示范站建设已完成，共重新开展村民健康调查73 760人，建立家庭档案21 253袋，建立60岁以上老人、高血压档案20 342册。由于社区卫生服务工作成效显著，成为当地农村卫生工作两大亮点（社区卫生服务、新型农村合作医疗）之一。结合新型农村合作医疗制度的开展，进一步加强了市、乡、村三级医疗机构双向转诊制度。制定双向转诊流程图和工作制度要求，并多次召开调度会督导落实，使章丘市的双向转诊工作注入了新的活力。2004 年还与市残联在明水、绣惠、官庄 3 个乡镇开展了残疾人康复试点工作，进行了残疾人康复需求调查，对有康复需求的 892 人建立了康复档案。按康复计划要求，定期指导残疾人开展康复训练，有的残疾人已见到明显效果，使章丘市社区卫生服务的工作内容更加充实。章丘市开展社区卫生服务工作 5 年来，认识到了社区卫生服务工作的重要意义和作用，是抢占医疗市场的重要措施和手段。体会到要转变服务方式，放下架子深入到群众中去，变被动服务为主动服务，和群众交朋友，主要是把服务做细做实。通过查体服务，发现病人，引导病人就诊，给单位带来效益，个人也得到实惠。这说明在社区卫生服务工作中，谁先转变理念，谁付出得多，谁的回报也就大，应该说搞好社区卫生服务是利民、利卫生的双赢的事。

(二)环境卫生设施

由于缺乏有效的运作方式且财政能力有限，由政府实施的农村环境保护工作虽取得了较大成效，但农村环境形势依旧严峻。大多数农村地区，"脏、乱、差"现象依旧非常突出，生活垃圾和废水随意排放，点源污染与面源污染共存，生活污染和工业污染叠加，各种新旧污染相互交织，成为危害农民身体健康和财产安全的重要因素之一，制约了农村经济社会的可持续发展。为此，探索和创新农村环境治理模式，引导更多的社会资源投入到农村环境的治理工作中成为当前亟待解决的问题。而社区管理模式就是众多探索和创新模式中的一种。国内外的环保实践经验也证明，解决农村的环境问题，有必要健全和完善农村社区环境卫生设施体系，以充分发挥农村社区的环境卫生服务功能。以供水、用能、污水处理、垃圾处理等设施为主体的农村社区环境卫生设施体系建设对改善农村人居环境质量起着不可替代的重要作用。

然而，由于我国对农村社区建设及服务的探索与实践还处于起步阶段，只有部分试点地区建立了较健全的环境卫生设施体系，在治理农村环境工作中取得了显著成效。还有不少农村地区尚未规划建设成社区形式，没有专门的供水及饮用水净化处理系统，生活污水及垃圾的收集、运输、填埋及处理系统等。生活垃圾随意堆放在田间地头、道路两旁、自然洼地，不仅占用了大量的农村土地，垃圾渗滤液还会对地下水及农田造成潜在的威胁和污染。所以，我们要进一步推进农村社区建设工程，加强农村环境卫生设施建设，健全和完善农村社区环境卫生设施体系，以提高农村环保技术装备水平。

(三)农田水利设施

农田水利设施建设是保障农业生产的关键环节之一，直接关系着农民的切身利益。近些年来，随着国家对农田水利设施建设工作重视程度的不断提高，其建设状况得到了很大程度的改善，有效减少了自然灾害给广大农民群众带来的诸多不便，降低了广大农民群众的农业生产成本，推动了农村经济社会的发展。然而，农田水利设施建设工作中依然存在着诸多不容忽视的问题。

一是资金筹集有难度。虽然国家每年水利投资力度很大，如“十一五”期间全国水利投资规模达 6 300 亿元，远超预计的 4 628 亿元，但大都用在了大江大河等大工程的治理上，而用于对广大农民群众帮助最大的“小农水”上的投资却很少。这主要是因为出于经济效益的考虑，水利部门往往更加关注大型水利设施的建设和城市、工业用水的保障；由于农田水利投资创造的 GDP 太低，地方政府更愿意将钱花在工业和房地产建设上；由于农田水利设施的建设需要集体行动，而粮食又是“望天收”，农民自己也不愿意独自去投入。

二是管理不到位。我国农村农田水利设施的公益性使得其几乎全部处于无序管理的状态。同时，其管理主体的不明确、管理责任划分得不严格以及管理制度的不健全，也在一定程度上弱化了广大农民群众自觉维护农田水利设施的意识。

三是农田水利设施建设不科学。由于缺少有关专家和水利专业人员的参与，我国农村的农田水利设施建设大都存在一定程度的盲目性和随意性，有的没有对工程技术的合理开发和社会效益进行全盘考量；有的项目规划不周全，施工质量低下；有的未能充分考虑当地广大农民群众的需求，使得不少农田水利设施的建设不能起到应有的作用。

四是养护机制不健全。一方面，很多地区片面地将农田水利设施建设看做是大规模新建、扩建，而忽略了对已建成的各种农田水利设施的改造和养护；另一方面，经费的缺失也使得农田水利设施的养护工作难以开展。

总之，目前我国农田水利设施建设的投入主体依然是以政府为主，很难形成一种有效机制来调动农民自身的资源投入，以及其他社会资源的参与。而以社区为载体的公共服务供给机制能够为各种社会力量参与农田水利设施的建设提供机会与平台，解决我国农田水利设施建设的资金筹集问题；引入竞争机制，鼓励各种社会力量参与农田水利设施的建设，明确了农田水利设施的管理主体与责任，强化了广大农民群众自觉维护农田水利设施的意识，有利于解决农田水利设施的管理和养护问题；能够准确判断和掌握广大农民群众的需求信息，实现农田水利设施的科学布局，从而充分发挥农田水利设施服务于民的作用。为此，我们要大力推进农村社区及社区农田水利设施体系的建设工程。

【案　例】

湖南:农村小水利工程抗旱保水效益凸显①

2011年上半年,湖南省遭遇罕见的春旱,7月份再次发生严重干旱,然而,今年湖南早稻产量比去年增收6%左右。这背后,水利事业大投入、大建设、大发展,是有力的支撑和保障。

9月7日,湘潭市泉塘镇山坳村村民陈有涛高兴地说,“多亏这几年的水利建设,旱时浇水、涝时排水,今年早稻每667米^{2}产有500多千克,增产40多千克。”

据统计,2010年,湖南省37个县(市、区)小农水重点县建设,完成项目总投资21.62亿元,其中中央财政专项资金3.01亿元,省级财政配套3 010万元,县级财政配套9 953万元,农民一事一议、投劳折资1.85亿元,整合各类涉水资金15.46亿元。

“农田水利建设滞后仍然是影响农业稳定发展和国家粮食安全的最大硬伤。”这是2011年中央1号文件对于农田水利现状的科学判断。

困扰农村多年的小型农田水利(简称“小农水”),如今湖南省建设思路日渐清晰:在完善“民办公助”机制的基础上,集中资金投入,连片配套改造,以县为单位整体推进。

1. 集中投入,连片改造

汨罗市三江镇花桥村村民黄解贵告诉记者:“今后灌溉不愁,今年比去年多收20千克/667米^2!”他顺手一指,只见一条长2 100余米的新砌水渠横卧田间。

汨罗市以实施全国小型农田水利重点县项目(简称“小农水”项目)为契机,接通农田水利“最后一公里”,确保3.4万公顷农田

① 本案例摘自人民网2011年9月19日的同名文章,作者蒋琪

实现旱涝保收。

田间地头，渠网配套。三江镇是汨罗市边陲小镇，按照小型农田水利建设的规划，2010年全县完成主干渠衬转11条，斗渠衬转29条，形成建一处、成一片、联一网。项目经整治后，渠道畅通，干支渠利用系数由原来的0.4提高至0.6，新增水量12万米^3，新增节水能力16万米^3，建成273.3公顷旱涝保收高标准农田。

农村小水利工程大多长年失修，崩垮、渗漏、阻卡水、老化损坏现象十分严重，因此，打通农田的“毛细血管”，解决农田灌溉的“最后一公里”，是保证农田增产的重要条件。

2. 尊重民意，民办公助

针对湘乡市山坪塘多年来基本处于只用不管、只用不建的状态，大多数山塘严重淤积、渗漏，蓄水能力逐年下降，灌溉效益逐年衰减，导致遇旱则干、遇水则涝的现状。湖南省财政厅从年度中央财政新增农资综合补贴资金中共安排3亿元用于山坪塘清淤扩容工程，按照每667米^{2}蓄水水面补助1 500元的标准，实施3.3万口1.33万公顷水面清淤工程。目前，山坪塘蓄水、输水能力明显增强，防汛抗旱能力显著提高。

山坪塘清淤扩容项目实施后，通过承包、租赁、拍卖等方式，明确产权主体，落实管护责任，真正做到“民建、民用、民管”，建立工程运行管理、水费收缴的良性运行机制，确保工程长期发挥效益。

3. 小型农田水利滋润大农业

在湘潭县石潭镇莲花村的一个农业综合开发项目区，田成方、渠相通、路相连，村民潘岳林说：“现在农渠是整得漂亮，但过几年渠坏了，水还是难流进田里。”

潘岳林的担心并不多余。水来了大家抢，设施坏了没人修，小农水设施建、管、用分离的状况，也在很大程度上存在。

以前大多数农田水利设施，主要是税费改革前靠“三提五统”、“劳动积累工和义务工”搞起来的，农村“两工”取消后，农田水利投工投劳数量显著减少，小农水谁来建、谁来管的问题突出。

省水利部有关负责人表示，湖南以“小农水”重点县建设为龙头，在完善“民办公助”机制的基础上，以县为单位整体推进小型农田水利建设，达到了集中资金投入、连片配套改造的目标。2009年和2010年，两批37个“小农水”重点县共完成投资31.27亿元，渠系水利用系数提高至0.65，新增、恢复和改善灌溉面积11.404万公顷，年新增节水能力1.6亿米^3，年新增粮食产能1.8亿千克。同时，“多挖一口塘，多打一仓粮”，4.67万口山坪塘完成清淤扩容。

2011年中央1号文件为湖南“小农水”建设带来了春风。通过“小农水”重点县建设在湖南的实践，实现小型农田水利建设由分散投入向集中投入转变、由面上建设向重点建设转变、由单项突破向整体推进转变、由重建轻管向建管并重转变，彻底改变小型农田水利设施建设严重滞后的现状。

(四)能源设施

农村能源主要是指农村就地开发利用的能源(如作物秸秆、薪柴、人畜粪便、沼气等)和农村生产、生活用能。在以政府为主体的供给模式下，我国农村能源设施建设与使用存在的问题具体表现在以下3个方面：一是农村生活能源使用结构单一；二是农村能源使用效率低下；三是农村能源项目建设投入使用后，技术服务跟不上。造成这种现象的主要原因是因政府能源部门分散、相关职能部门不了解农村实际情况而造成的对农村能源设施建设的战略地位缺乏足够认识，但根本原因是农民本身的利益表达缺位。惠农工程不惠农，核心是乱替农民做主。目前的惠农资金安排完全是由各级政府部门决定的，农民本身的利益表达缺位。作为实际受益者的农民既不能参与项目的规划，也不知道资金的实际使用情况，最终项目完成后的审核与评价同样没有农民的参与。在这种情况下，即使没有政府部门的逐利行为，单纯由政府做出的决策也很难真正体现农民对基础设施的需求。

随着农村城市化进程的推进，农村对能源要素的需求种类和层次越来越多。为适应和满足农村对能源要素的巨大需求，决策农村能源项目时必须要广泛征求农民意见，切实做到以农民的需求决定建设经费的投入方向和方式。为此，建设以农村社区为投入主体的能源设施体系迫在眉睫。

【案　例】

农村新能源：政策支持与技术支撑最关键[1]

1. 农村新能源

主持人语：农村是我国最广大的地区，那里有我们最广大的人民，那里是新中国成长、发展的前进基地，那里留存着我们民族文化的根脉。

当我们加快现代化建设，越来越关注能源问题的时候，农村能源问题千万不可忽视。今天，我们的记者从农村广阔天地采写回一组稿件，把我们的目光带向了广大的农村，让我们共同关注农村能源，共同关注新农村建设！（责任编辑：胡其峰、田雅婷）

2.“生态示范村”也有烦恼

北京平谷区近年来在可再生能源利用方面取得了不少的经验和成果，挂甲峪村就是其中之一。这个村位于大华镇东北部，被称为“平谷生态第一村”。

一进村，记者就看到了农民房顶上的太阳能热水器，平谷区农村能源服务中心助理王保才说：“现在村里洗澡、采暖都用上了这种太阳能热水器；村里前几年安的小型风车，风力达到3、4级就能

① 本案例摘自光明日报2006年8月1日登载的同名文章，作者冯永锋，编者进行了删改和整理

发电。为了防治病虫害,我们每3.33公顷地还安装了一盏太阳能杀虫灯,能杀死近40种害虫呢!"

据了解,"能源替代"是挂甲峪村"新农村建设五上山"中的"能源工程建上山"的着力点。随着太阳能利用方式的普及,村里又搞起了生物气化炉,将农作物秸秆、林木废弃物等作燃料进行气化来做饭、取暖。除了气化炉,挂甲峪村还在试验推广轻烃气和沼气,既为农民省钱省时省心,又解决了人畜粪便满街堆的环保问题。

王保才感慨地说,挂甲峪村也有烦恼,不是所有的农村都可以像挂甲峪村一样发展,这需要寻找机遇,"最重要的机遇,当然是政府的政策和技术上的支持"。如该村的太阳能采暖房、太阳能杀虫灯和太阳能路灯的60%是国家项目基金支持。有的项目需要农民自筹,如沼气80%是自筹,生物质气化自筹占70%左右。可能是因为这个原因,目前挂甲峪村在可再生能源利用方面,只占能源利用的30%,还没在农村的日常生活中担当起主要作用。

挂甲峪村第一个带头使用新能源的是全国劳模、村支书张朝起。他不断地传输新的理念,努力地以实际效果做说服工作,村民们看到了变化,点燃了希望。张朝起说:"农民使用新能源,除了示范效益之外,更重要的是要有持续的'能源服务公司'和能源服务技术人员。"

3. 沼气补贴速度跟不上需求

贵州赫章县野马川镇新营村养殖大户陈卫绪,是远近闻名的"农村循环经济带头人",他家的庭院里,藏着他的"致富经"。他1998年开始养猪,猪增多粪便也增多,影响环境卫生。他想修沼气池,但不懂技术,修建两次皆未成功。县农业局得知这一情况后,立即派技术人员指导他修建。

陈卫绪家的第一口沼气池,为赫章县沼气工程的启动起到很好的示范。现在,他家不但完成了"一池三改"(沼气池,改厨、改厕所、改猪圈),而且建了三口沼气池,猪和鸡的排泄物在他家都成了美妙资源。庭院里养的园艺花卉，全是用沼液作营养液。在他的带动下，新营村2001年就建了沼气池108口，家家户户都用沼气做饭点灯，成为赫章县的第一个生态家园示范村。

但在赫章，像陈卫绪这样主动发明、自主创新的人还不太多，更多的人需要"技术支援"，期盼政府补贴。李兴华说："沼气在我们这海拔2 400米的地方都能用，应当说推广前景良好。可我们这边比较贫困，有些农民家里连猪都养不起。修一口沼气池，需要将近2 000元左右，政府只以提供材料的形式，补贴1 000元，另外1 000元需要自己筹措。目前全赫章县已经建设了沼气池7 000口左右，今年国债项目和省债项目能够支持我们新建3 000口。赫章有15万户左右的农民，这样的进度显得有些缓慢，我们希望国债能加大扶持力度。沼气与卫生防疫、脱贫致富、生态保护相关，我呼吁卫生、林业、扶贫等部门联合作战，大家把资金汇合在一起使用。"

4."生物质能"利用方式需要科学谋划

贵州赫章县的"招商引资"项目中，有一个是"秸秆气化"项目，可至今难以着落。显然，企业还不太能够从协助农村发展新能源中，看到"利益增长点"。更多的时候，依靠的是政府的推动、农民的自觉和科技的刺激。赫章一带玉米种植面积广大，因此当地人认为，用能源的眼光来看，这种一年一收割的玉米秸秆，完全可作为较佳的可再生"能源作物"，使用气化、油化、压缩化等技术，供农民使用。

中国科学院院士、北大环境学院生态学系主任方精云做过测算，一年生的能源作物，其"固化"储存在植物体内的碳，作为"能源"燃烧后，又会回到大气中，其"碳汇"能力上等于零。他说："现在到处听到利用秸秆，每种针对秸秆的技术都在计算中国有多少多少亿吨的秸秆。可真正能成为生物质能的秸秆并不多，秸秆的利用方式很多，如'秸秆青贮'是动物饲料的重要来源，因此，并不是所有的秸秆都可成为‘能源’。秸秆最好的利用方式，是就地还田，其次才考虑作为饲料和能源。因此，农村的能源必须广泛‘开源’，利用废弃物只是一种方法，更好的方法是依据当地农业能力，种植新型高效的能源作物。”

能源基金会中国首席代表杨富强博士指出，当前，种植“能源作物”也许是帮助农民脱贫致富的一项新兴产业，比如南方，种植甘蔗可生产生物乙醇。如果这项产业能够壮大，农民能从种植中得到良好的现金收益，那么当他们家里需要能源时，不管是以“秸秆换气”，还是“用现金买电”，都可帮助一部分农民解决能源替代问题。只是，这样的种植需要科学引导，必须搭建好产业链；要考虑合理的收购半径，让种植方、加工方、销售方都能获得相应的利润；同时要提防在“能源作物”的名义下，进行新一轮的天然林砍伐。

“云南生态网络”负责人陈永松最近忙于一个项目，是“恢复沼气池的生命力”。他说：“农民为什么上山砍柴？原因之一就是烧柴只需出力，不必花钱。许多农民出不起购买能源的费用。在替代农村能源的所有办法中，沼气可能是最经济的，因为虽然建设时要花点钱，但‘投入产出比’还是较合算的。沼气是提升一个家庭档次、促进农民富裕的重要手段。我国推广沼气技术几十年了，以往有一些不成功的案例。不少沼气池都废弃了，因此，我现在想做的事情，就是争取让这些沼气池重新焕发生机。新的加紧建设，旧的重新使用。如果每一座沼气池都物尽其用，农村能源替代就会进入良性循环。”

（五）文教设施

近些年来，我国农村经济社会发展取得了很大成就，广大农民群众的温饱问题已经得到基本解决。但农村文教设施建设落后，不能满足广大农民群众对于精神文化生活的需求。第一，各级地方政府重经济轻文化的现象比较普遍，对广大农民群众享受现代文明和精神文化需求方面的关注不够。第二，农村文化事业的管理机制不健全，乡镇文化站、广播站等农村文化建设主要机构的工作人员因种种原因不能专职从事文化工作。第三，文化活动形式单一、内容陈旧无新意、群众受益面窄、教育启发意义不大，影响了文教设施建设中农民主体性的发挥[①]。同时，为了谋取更好的生活出路，现阶段大多数农村青年都选择进城务工，这样就使得留守在农村的人主要为老人、妇女和儿童，很难成为农村文教设施建设的真正主角。第四，当前农村学校的课程体系是以城市视角来进行开发设计的，其传播的知识与技能几乎全与“离农”有关，“为农”的成分较少。正如石中英先生在《知识转型与教育改革》中指出的，“‘学校知识’与农村生活是没有什么太大关联的，因而学与不学，学多学少，与将来的生活没有什么必然的联系”。同时，就农村教育而言，学校教育(包括普通学校及职业学校等)的对象主要是儿童、青少年，不能覆盖不同年龄阶段的广大农村居民[②]。第五，农民自身参与文教设施建设的意识薄弱，对乡风文明等文化建设的关注程度远低于对生产发展和生活宽裕两个方面。另外，很多人对农村文化建设的认识还停留在放几场电影、搞几个讲座、唱几台戏，要不就是建个秧歌队、组织一场篮球赛这样的浅层表面，而忽略了广大农民群众真正的文化需求[③]。

文化建设是新农村建设的灵魂。胡锦涛指出：要引导各类社会组织加强自身建设、增强服务社会能力，支持人民团体参与社会

---

① 引自石中英的著作《知识转型与教育改革》，北京：教育科学出版社，2002

② 引自田芬，刘江岳，《农村社区教育与农民生活方式的变革》，苏州科技学院学报(社会科学版)，2010(1)

③ 引自王强，朱惠斌，《社会管理视角下的农村社区文化建设探讨》，西部经济管理论坛，2011(2)

管理和公共服务，发挥群众参与社会管理的基础作用①。所以强化农村文教设施建设必须在加强各级政府文化建设意识和文化部门自身建设的基础上，充分调动和引导社会力量以及农民群众来捐助或投资农村文化建设。农村社区恰为社会力量以及农民群众捐助或投资农村文化建设提供了有效平台。农村社区、社会力量以及农民群众的参与，解决了文教设施建设经费问题，建设了社区图书室、报刊阅览室、机房、运动健身广场、户外歌厅、儿童乐园、休闲广场、宣传长廊等公共服务场所，开办了技术和职业培训班，丰富完善了农村文化活动方式，满足了广大农民群众多层次多方面的精神文化生活需求。

【案　例】

青州农村文化建设纪实②

人民网潍坊12月7日电 据潍坊新闻网报道近年来，青州市坚持把欢乐和文化送到基层，送到百姓身边，文化下乡、电影下乡等活动极大地丰富了群众的文化生活。同时，该市本着“授之以鱼不如授之以渔”的思想，让农民在农村文化活动中唱主角，催生出了农村文化的新气象。

1.“泡书吧”成为新时尚

12月2日晚，谭坊镇张家羊村的农家书屋中灯火通明，许多人在聚精会神地伏案读书。“俺基本上每天来一趟，学习西瓜种植、施肥等技术，农家书屋教给俺不少知识。”该镇种瓜大户张书国

① 引自人民日报2011年3月8日登载的文章《胡锦涛：扎扎实实提高社会管理科学化水平，建设中国特色社会主义社会管理体系》

② 摘自人民网2011年12月7日的同名文章，http://wf.people.com.cn/GB/70094/16529646.html

边看书边对记者说。虽然天气寒冷，但来看书的农民仍然络绎不绝。记者了解到，在这里，农业种植、养殖、产品加工等方面的书最受欢迎。

近年来，青州市把农家书屋建设作为一项文化惠民工程常抓不懈。目前，该市共建成农家书屋927个，实现了社区全覆盖的目标。结合农民生产生活实际，农家书屋配送了农业科技、文化教育、法律法规等方面的书籍，有的农家书屋还配备了计算机、远程教育设备。如今，闲暇时间到农家书屋“泡书吧”已经成为该市农民的新风尚。

2.“孝文化”促乡村文明

在王坟镇侯王村的孝文化广场，“孝文化警句格言”、“劝孝歌”、“二十四孝故事”等看板成了村里一道亮丽的风景线。

侯王村，这个曾经远近闻名的落后村，在“以孝治村”策略的带动下，变成了家喻户晓的“孝心村”和先进村，乡风日渐文明，社会日渐和谐。“以孝治村”也推动了经济发展。由于家庭关系和睦，公婆愿意带孙子孙女，儿女们有更多的精力和心思发家致富；邻里关系和谐，大家伙相互信任，齐心上项目、共同求发展。这几年，村里发展起了桂花种植产业，有机旱作蔬菜也创出品牌并畅销一些大城市，去年全村人均收入超过1万元，不少村民翻盖了新房，村里修了新路，还建起了一栋四层高的居民楼。

3.“精神家园”乐了农民

“讲文明、讲礼貌，五讲四美很重要；我村是个文明村，村民团结最温馨……”隆冬时节，记者来到何官镇南张楼村，正赶上村里的文化大院演出。农民们自编自演的舞蹈、快板、歌曲等节目，或宣传党的新政策，或赞美农村新变化，或劝诫人们走正道，不时引来群众的笑声。

为解决农村文化基础设施滞后的实际问题，该市从加大投资、开展文化活动入手，依托新农村建设，在建成的新型农村社区建文化大院,活跃农村居民文化生活,提高文化素质。截至目前,该市13处镇、街道综合文化站全部建有标准的文化信息资源共享工程基层服务点,社区基层站点已建成827个,谭坊镇、庙子镇、何官镇文化站被评为省级先进文化站,建成了标准化文化信息资源共享工程市级中心,形成了共享工程覆盖城乡的文化服务网络,初步形成了以市文化馆为龙头,镇、街道文化站为枢纽,村、社区文化大院为基础,以文化专业户为补充的多层次、多体制群众文化服务网络。(苏保温 郑秀宝)

二、农村社区服务组织体系建设及公共服务供给状况

近些年来,在党中央和政府的领导下,农村社区围绕自身区域特色,发挥现有企业、合作社以及经营网络等的优势,采取多种方式积极组建党的基层组织、村民自治组织、专业合作社、文化生活组织、行业协会等社区服务组织,取得了一定的成效,使得农村社区服务组织的专业合作服务功能得到不断提升,为农村公共品的投入搭建了桥梁。

(一)党的基层组织

党的基层组织是党的组织体系的基础,农村基层党组织更是这基础中不可或缺的部分。整体而言,我国农村基层党组织的现状是好的。据相关数据统计,截至2008年末,中国共产党党员总数为7 593.1万名,基层组织371.8万个,而在全国34 324个乡镇中建立了党组织的有34 321个。在60.6万个建制村中有60.5万个建立了党组织,占具备建立党组织条件建制村总数的99.98%,[①]成为党组织发展壮大从而服务于广大农民群众的坚实基础。但目前我国农

① 数据来源于新华网2009年7月1日的文章《2008年中国共产党党内统计公报》,http://news.xinhuanet.com/politics/2009-07/01/content_11634894_1.htm

村基层党组织也存在一些不容忽视的问题，如农村基层党组织的设置基本停留在按地域划分的模式上，不能适应农村多元化的经济发展模式；农村基层干部文化偏低，思想观念保守，市场经济意识不强，缺乏带领群众致富的本领；农村基层党组织“家长”式的领导方式难以适应新形势下农村经济发展的需要等。

充分发挥农村基层党组织在新农村建设中的积极作用，须不断创新农村基层党组织的设置方式以激发其活力；不断创新基层干部的选拔、培训和激励机制以提高领导班子整体水平；不断创新党员教育和培训机制以充分发挥党员的先锋模范作用；不断创新农村基层党组织的领导方式和工作方法以提高其工作水平。只有这样，才能够使农村基层党组织真正成为建设社会主义新农村的坚强领导核心，才能够更好地为农民群众服务。

【案　例】

河北加强农村基层党组织建设的做法及成效 ①

农村始终是河北省工作的大头，必须把加强农村基层党组织建设作为党的建设的重点。五年来，各级党组织强抓村党组织书记和党员队伍建设，深入开展后进村整顿转化活动，不断健全和完善党领导的村级民主自治机制，筑起了新农村建设的坚强堡垒。

选优配强农村党组织书记队伍，为新农村建设提供重要人才保证。河北省从 2008 年开始，建立健全农村党组织书记选拔任用、教育培训、激励关怀、管理监督、投入保障五项机制，深入实施新农村建设“领头雁工程”。打破一切条条框框，不拘一格选拔村

① 摘自长城网 2011 年 11 月 12 日的文章《夯实党的执政根基——河北党的基层组织建设综述》，作者王瑛、姜薇，http://report.hebei.com.cn/system/2011/11/11/011525687_03.shtml

党组织书记。通过鼓励民营企业家回村任职,支持优秀村党组织书记连选连任、大学生村官竞选,实行强村带弱村、跨村任职等多种办法,把各方面的优秀人才选拔到村党组织书记岗位。枣强县芍药村的王文忠在北京做皮草生意,2007 年回村担任党支部书记,解决了群众吃水难、行路难、上学难问题。他发挥经销皮草生意的优势,垫资 150 万元组织村民成立"裘皮生产互助社",当年实现盈利 140 万元,帮带的 6 个贫困户户均收入 3 万元。

"以前每月才三、四百元钱,现在工资翻了番,而且按月打到工资卡上,待遇确实有保障了,我们村干部心里有了底,干劲儿更足了。"涞源县杨家庄村党支部书记王玉明扬起手中的工资卡激动地说。"一定三有"机制,是河北省着眼于激发农村基层干部干事创业积极性、全面加强农村基层党组织建设的又一力举。在省委的强力推动下,目前,全省村干部"一定三有"机制推行率已达 100%,村干部补助平均达 8 231 元。三年来,共有 264 名优秀村党组织书记考录为乡镇机关公务员,200 名村书记选任为乡镇领导干部,192 名村书记选聘为乡镇事业单位人员,6 200 多名村干部担任县级以上"两代表一委员"。"农村干部吃皇粮,干不好上对不起党,下对不起爹和娘。"时下,这句话在河北省农村干部中广为流传。

深入开展治难转后活动,夯实党在农村的执政基础。整顿后进村、治理难点村,是促进农村科学发展,实现和谐稳定的需要。河北省坚持把治难转后工作,作为农村基层组织建设的重中之重,近年来一大批后进农村党组织得到有效治理转化,有力地促进了全省农村基层组织建设整体水平的提升。高阳县殷家庄村"两委"班子凝聚力差,村里各项工作很难开展。原县政协副主席、统战部长殷文吉同志回村任党支部书记后,坚持吃住在村,多方筹资 34 万元修建了学校、青少年活动中心、排水设施和村活动场所,积极理顺党员、干部、群众情绪,促进了村"两委"班子和谐,得到了党员群众的拥护，村里面貌发生了翻天覆地的变化。

加强党的阵地建设，2009年底启动第二轮村级组织活动场所建设，省财政下拨中央补贴资金9 513万元、配套8 461万元，市县投入4.29亿元，新建7 521个活动场所，全省实现了村级组织活动场所全覆盖。廊坊、沧州、秦皇岛等地把活动场所建设与新农村规划相结合，科学规划，重点解决重建轻管、轻使用的问题，使活动场所真正成为党员干部活动中心、村民议事中心、便民服务中心、农民培训中心、文化活动中心。

突出村党组织的领导核心作用，不断完善党领导的村级民主自治机制。适应农村科学发展、管理民主需要，河北省逐步建立起以"党支部领导下的村民自治机制，支部工作规范化、村民自治法制化、民主监督程序化"为主要内容的"一制三化"村级民主自治机制。中组部推行河南邓州"四议两公开"工作法后，河北省把"一制三化"和"四议两公开"工作法有机结合在一起，创造性地予以落实。唐山市推行"四权一体"运转方式，细化村党支部和村委会的职责任务，明确村党支部的决策权和村委会的执行权。建立村"两委"联席会议制度，从制度上保证村"两委"责任清晰、分工明确、配合协调。万全县制定《村级组织和村干部权力清单》，把详细的权力清单发放到村到户，让群众了解各项村级事务的运转规则，保证村级民主自治规范、有序展开。

注重听取群众意见，发扬民主，推行干群夜谈会。巨鹿县进虎寨村是有名的机件加工专业村，但是企业分散、效益低、噪声大，群众有意见。通过干群夜谈会，利用农民群众晚上的闲暇时间，村党支部组织党员和群众代表面对面交流情况、沟通思想，村里重新规划了工业园区，进行集中经营，达到了企业、群众双满意。

（二）村民自治组织

村民自治，简而言之就是广大农民群众直接行使民主权利，依法办理自己的事情，创造自己的幸福生活，实行自我管理、自我教育、自我服务的一项基本社会政治制度。村民自治的核心内容是“四个民主”，即民主选举、民主决策、民主管理、民主监督，因此，全面推进村民自治，也就是全面推进村级民主选举、村级民主决策、村级民主管理和村级民主监督[①]。

村民自治的推行使农民获得了切切实实的利益，改善了农村的治理状况，推动了社会主义民主政治建设和人权建设，为新农村建设提供了可靠的政治基础。当前，我国村民自治制度体系逐步完善，内容不断丰富，形式更加多样。截至 2008 年年底，全国 95%以上的村委会依法实行了直接选举，绝大多数农村进行了 7 次以上村委会换届选举。各地按照法律法规的要求进行民主选举，并在秘密划票等关键环节，采取有力措施予以规范。竞职演讲、治村演说等形式普遍实行，竞争形式日益激烈。各地普遍建立了以村民会议和村民代表会议为主要载体的民主决策的组织形式，全国 35%的村每年都召开村民会议，75%的村每年都召开 1 次以上村民代表会议，98%以上的村制定了村民自治章程和村规民约。近年来，一些地方创造了“村务大事村民公决”、农村“民主日”等办法，有效保障村民群众的决策权。为加强对村干部的监督，各地不断创新村务公开形式。全国 90%以上的县(市、区)编制了村务公开目录，91%以上的村建立了村务公开栏，一些地方设立了村务监督委员会，有效保障了村民的监督权[②]。

---

① 引自百度百科，http://baike.baidu.com/view/274820.htm

② 摘自新华网 2009 年 3 月 12 日的文章《我国农村基层民主政治建设取得显著成效》，http://news.xinhuanet.com/newscenter/2009-03/12/content_10997888.htm

【案　例】

安徽省望江县的村民自治[1]

在我国，村委会只设在行政村，但行政村往往又涵盖多个自然村，这就给村委会的工作带来了一定难度。村民诉求怎么及时表达？村级事务如何有效实施？这些，都成为村干部们面临的难题。

安徽省望江县通过设置村民理事会，负责解决村民迫切盼望的各项工作，为我们提供了一个值得观察的样本。当地理事会如何运作，成员怎样构成，取得哪些实效，又遇到哪些困难？请看记者的调查。

安徽省望江县长岭镇后埠村的自然村杨家老屋，宽阔的水泥路修到了家家户户门口。记者来到村民活动中心时，村民理事会会长王俊华正和大伙儿商量着建公厕的事。

这样的议事场景，在望江县每个村都很常见。从 2002 年开始，望江县 118 个行政村陆续建起村民理事会，覆盖几乎每一个自然村。理事会负责解决村民迫切盼望的各项工作，利用政府补贴资金和筹资、筹劳的办法完成村庄各项建设。

既然有了村“两委”，为何还要专门建立村民理事会？它能发挥哪些特殊优势，又存在哪些问题？

1. 选出理事会，事情自己办

“哪个问题的支持率先达到参会人数的 80%，哪个项目就会先搞。”

“村里的水泥路和村民活动中心都是理事会带着大伙儿修

---

① 摘自人民网——《人民日报》2011 年 10 月 31 日的文章《村民自治 咋办才好（倾听·行进中的基层回声）》，作者钱伟、周然，http://media. people. com. cn/GB/16072307. html

的。"长岭镇副镇长袁爱民告诉记者，"后埠村杨家老屋是望江县最早建立村民理事会的村子之一。王俊华是老生产队长，在村里德高望重，大家就一致推举他担任会长。"

"政府把道路修到了村里，大伙儿又想把水泥路修到家门口，所以就选举理事会管理资金和协调建设。"王俊华笑着说，"路修好了之后，大家觉得想办的事情都可以通过理事会办，所以理事会就保留了下来。"

而与后埠村20千米之遥的高士镇童岭村，2011年8月刚刚成立了村民理事会。童岭村党总支书记童红斌说，"村民成立理事会的积极性很高，郑屋村村民组长郑鹏程经过选举当上了会长，现在正忙着村庄下水道的建设。"

记者了解到，不管是村民自发选举还是村"两委"推动，成立之后的村民理事会都从了解村民的具体需求入手，按照村庄规划完成各项建设。"我们理事会一共7个人，在收集村民的愿望之后，先开会讨论确定最迫切需要解决的问题，然后召开群众大会或者村民代表会，哪个问题的支持率先达到参会人数的80%，哪个项目就会先搞。"王俊华介绍。

王俊华说，项目定下来之后，争取政策、资金支持以及向村民筹资的工作，都由理事会来完成，一直到项目完成为止。"除了一些涉及土地等大的方针、政策问题，其他诸如修路、修渠之类，理事会在吸收村民意见之后，可以直接拍板。"

建立村民理事会，是拓宽群众诉求渠道，扩大基层民主的有力尝试，也是推动社会管理创新的探路之举，地方政府应当鼓励并大力支持。

2. 都是老乡亲，大伙更熟悉

"看到路修起来了，资金使用情况也公布了，之前没交钱的村民也补交了钱。"

为啥有了村"两委"，还要专门建立理事会？

童红斌说："现在的行政村面积大、人口多、工作千头万绪，村'两委'人手有限，难以兼顾所有自然村的利益。理事会既减轻了村'两委'的工作压力，还提高了工作效率。"望江县农委副主任彭如江说："理事会成员都是乡里乡亲，村民熟悉他们，所以开展工作、化解矛盾、接受监督都更方便。"

说到建立理事会的好处，长岭镇后埠村村委会主任王长根感触很深，"过去杨家老屋这儿路不好，群众卖棉花老犯愁运输。村里想建，但由于资金等问题一直没能建成，只能每年花好几千元补路，但是年年补路年年坏。后来成立了理事会，下决心要把路一次性修好。"王俊华告诉记者，理事会通过之后，又开了党员会和群众代表大会统一了意见。

"最后决定每户收 1 500 元，这不是小数，除理事会成员外，所有党员都分头去收钱。"王俊华说，"有些村民也担心，怕钱落了我们腰包，但最后我们张榜公布钱怎么花。最后几乎每户都出了钱，路修到了每家门口。"

"看到路修起来了，资金使用情况也公布了，大伙儿也就没啥顾虑了，之前没交钱的村民也补交了钱。"村民王小节笑着说："后来再修村里的外环路、篮球场、幼儿园，大家很爽快地交了钱。"王俊华自豪地说，过去 6 年，杨家老屋村民理事会在建设项目上平均向每户村民筹资 8 000 元，几乎没有不交的。

袁爱民坦言，这笔钱让村干部去收，可能会遇到比较多的抵触，而理事会就更方便协调、解释。"各个自然村都成立理事会之后，村'两委'就可以更从容地发挥规划、政策引导和向上协调的功能，理事会和村'两委'也可以相互监督、相互促进。"

村民盼的就是办事公开公正、有方便的渠道及时表达意愿，理事会成员都是他们的身边人，可以随时联系，也更容易取得他们的信任。

3. 管理粗放化，困难仍不少

“人数、组织规程、运作流程、资金管理使用方法、监督审计机制，都充满了随意性。”

“我们理事会成员不拿政府工资，每年群众会给我300元钱，算是对工作的肯定。”王俊华告诉记者，“理事会工作是出于对村庄的责任心，不是图钱。”郑鹏程也告诉记者，童岭村理事会的成员也不拿报酬，项目完成后，村民们会象征性地给一点，在协调项目的时候还得自己掏腰包。

目前望江县村民理事会大多属于义务劳动，几乎没有任何报酬，虽然可以借用村“两委”的办公场所，但是理事会的运作资金和成员的劳动报酬仍没有确切来源。袁爱民说，政府目前通过以奖代补的形式，已经给一些理事会适当的经费补贴，但还没有全部覆盖。

记者走访发现，目前各个村庄村民理事会的人数、组织规程、运作流程、资金管理使用方法、监督审计机制都不尽相同，充满了随意性。“目前政府也正在积极引导，力求建立规范和完善的机制，促进村民理事会的长久健康发展。”袁爱民说。“由于各村发展水平不同、干群参与积极性不同，各地村民理事会也存在发展不平衡的问题。”袁爱民告诉记者，像杨家老屋这样的自然村，70%以上的人口都在外打工，每户年均收入可以达到六七万元，所以筹资相对容易一些，而那些单纯靠种地糊口的村民出钱就困难很多。

记者也发现，虽然理事会成员都在村里德高望重，但大多年纪较大，记者采访的理事会成员都已年近七十。不管是从精力、观念、文化程度还是从长远发展来看，理事会都迫切需要补充新鲜血液。“现在每个村庄都有大学生村官，他们可以为村民理事会担当顾问，让更多的新技术、新理念渗透到新农村建设中。”袁爱民建议。

目前，“一事一议”正在各地农村开展，如果将“一事一议”和村民理事会有机结合，在规范的制度监督约束下，由村民理事会直接负责筹资和管理使用奖补资金，是否可以在更大程度上扩大村民自治，提高村民“自己事情自己办”的积极性？这样的设想，仍需相关政府部门破题。

现在我们有两盼：一盼能得到村民更多信任，避免胡乱猜忌；二盼政府能给予合理适当的补贴。

（三）专业合作社

我国在《中华人民共和国农民专业合作社法》第一章总则第二条对农民专业合作社进行了简要的定义，包括两个方面的内容：一方面，从概念上规定合作社的定义，即“农民专业合作社是在农村家庭承包经营基础上，同类农产品的生产经营者或者同类农业生产经营服务的提供者、利用者，自愿联合、民主管理的互助性经济组织”；另一方面，从服务对象上规定了合作社的定义，即“农民专业合作社以其成员为主要服务对象，提供农业生产资料的购买，农产品的销售、加工、运输、贮藏以及与农业生产经营有关的技术、信息等服务”。

农民专业合作社是农业实现规范化、专业化、产业化和集约化发展的重要组织形式，是国家支持和保护农业体系的重要途径，同时也是政府对农村经济进行调控，对农业实施有效管理的关键之举。大力发展农民专业合作社，不仅是市场经济条件下提升农业产业发展水平，促进先进农业科技推广，增强农民市场竞争能力，培养农民民主意识、合作意识，提高农民组织化程度，增加农民收入的重要手段，也是推进社会主义新农村建设，实现“生产发展、生活宽裕、乡风文明、村容整洁、管理民主”目标的有效载体，是我们解决“三农”问题、推动新农村建设、构建农村和谐社会切入点的重要抓手[①]。

自农民专业合作社法实施以来，我国农民专业合作社发展迅速。截止到2010年3月底，全国依法登记的农民专业合作社达27.25万个，是2008年同期的6倍多，实有入社农户达2 300多万户[②]。虽然目前，我国农民专业合作社发展势头很好，但还处在初级阶段，整体水平不高，规模普遍较小，带动能力不强。为此，各农村地区应借鉴国外做法，在总结各地经验的基础之上，根据自身的实际情况和存在的主要问题，采取有针对性的措施以促进农民专业合作社的快速稳定发展。

(四)文化生活组织

近年来，广大农民群众随着物质文化生活水平和受教育程度的不断提高，已不再满足于被动地接受文化，单纯地欣赏文化，而是要求主动参与各种文化形式的实践，在参与文化活动中陶冶身心、提高审美情趣，抵制落后思想、消除不良风气，弘扬社会新风尚，树立社会主义新型农民的良好形象[③]。而农村文化生活组织担负着繁荣农村文化的历史任务。

随着农村社区建设及文化建设工程的推进，大部分乡镇积极筹建农村社区文化生活组织，农村文化娱乐团队、书画社、晨练队、老年协会等为农村社区居民提供文化体育活动服务的各类民间互助性组织，大大丰富了农村的精神文化生活，满足了广大农民群众

① 摘自中国药材市场网(http://www.zgycsc.com)2011年12月18日的文章《发展农民专业合作社的现实意义》，作者陈朝阳，http://www.zgycsc.com/readinfo-htm-ifid-54026.html? ifid=54026

② 引自中国供销合作网2010年10月29日的文章《人民日报评论：如何更好发挥农民专业合作社的作用》，作者陈辉，http://www.chinacoop.gov.cn/HTML/2010/10/29/58030.html

③ 引自卧龙网2009年6月24日的文章《加强对农村文化组织的建设工作》，作者张中华，http://wolong.01ny.cn/news/guoqing/200906/13742.shtml

日益增长的文化需求。但是，部分乡镇党委政府对文化建设的重视程度不高，社区文化生活组织数量较少，水平较低且大都处于自发组织、自主管理、自行发展、自由涣散、自生自灭的状态，在一定程度上阻碍了农村文化的繁荣发展。

(五)行业协会

农村行业协会的产生和发展是农村市场经济发展到一定阶段的产物，主要通过为农户生产经营提供产前、产中或产后服务，培养技术骨干，形成营销队伍，促进专业分工，从而推动农村经济的发展，有效解决农民进入市场所必要的组织形式、利益分配机制和服务体系等方面的难题[①]。所以，为了更好地推进社会主义现代化新农村建设进程，全面建设和谐小康社会，农村地区还积极发展了人口与计划生育协会(简称为计生协会)、农村社区志愿者协会(如湖北郭家坝镇的由老党员、老干部、老复退军人、老教师、老农民“五老”组建的农村社区志愿者协会)、妈妈环保志愿者协会(如荣获“全国三八红旗集体”荣誉称号的陕西省妈妈环保志愿者协会)等各式各样的社区组织，促进了当地的经济社会发展，走出了村民自我管理、自我教育、自我服务、自我监督的新路子。

【案　例】

文山州农村行业协会助农增收[②]

为找准农村经济发展的着力点，近两年来，文山州以具有经济实力的营销大户作为支撑，以经济实体为载体，成立群众经济组

① 引自中共荆州市委统战部官网 2010 年 7 月 29 日的文章《农村行业协会在新农村建设中的地位和作用不容忽视 对我区农村行业协会的调查与分析》，作者荆州区委统战部，http://www.jztzb.gov.cn/tzb/Article/ShowArticle.asp? ArticleID=152

② 摘自云南农业 2004 年第 12 期的同名文章，作者李光员

织——农村行业协会，并把协会成立在具有一定的经济实力、管理经验、资金、人才和市场优势的经济实体上。目前，文山州已正式成立的农村行业协会有生猪养殖协会、三七种植协会、辣椒种植协会、蔬菜种植协会、水果种植协会、茶叶种植协会、刺绣协会等800多个协会，共有会员2万多名。农村行业协会从各自的实际出发，因地制宜地调整产业和产品结构，发展骨干产业和龙头产品，在发展农村经济中八仙过海，各显神通，真真切切地助农增收。

西畴县坪寨乡挂靠文山华龙进出口有限公司，成立了坪寨优质农产品开发中心，在这个中心的基础上成立了南洋椒协会、香猪协会，协会会员实行订单生产，产品就交售给开发中心。2004年1月，香猪协会生产的腊香礼品包装产品就实现收入8万多元，经济实体成了协会成百上千农户的坚强靠山，协会会员可安心放心地生产，减少了不必要的市场风险；马关县南捞乡原来办有茶厂，以生产“盘古王茶”而出名，茶厂老板是农民姜林坤，他联系着几十户茶叶种植户。南捞乡的茶叶协会就成立在盘古王茶厂上，协会会长就是姜林坤，协会成立后，进一步扩大规模，有100多户农民加入；砚山县平远镇汽车运输协会，已有716户农民个体运输户加入，这个协会是成立在成绩斐然的农民经济实体晨光运输公司上，运输公司以沙必胜等几户运输大户为核心。协会不仅具有经营管理的经验，而且具有开拓市场的中坚力量；西畴县兴街刺绣协会，首批吸收会员94人，共联系着西畴、马关、麻栗坡3县的4 000多农户，产品远销美国、新加坡及国内四川、贵州、广东、广西及昆明等地，年产值3 000万元；砚山县小石桥蔬菜研究会，现有会员102人，分布在6个村民小组，目前已带动发展蔬菜种植面积167公顷，每年可对外供应蔬菜3万吨，会员人均年收入3 000元左右。协会有两个外地私营老板建的两个保鲜库作保障，在蔬菜收获季节大量收购入库保鲜，然后陆续销往两广，菜农不用担心蔬菜烂在地里卖不掉。目前，正在着手对研究会重组，按照“协会＋公司＋

经纪人＋好品种＋订单”的模式，把经纪人和两个蔬菜保鲜库的老板吸收为协会会员，使协会农民和经济实体更好地结合起来；砚山县稼依镇大稼依村委会在生猪协会成立之前，农民卖猪是围绕着集市转，碰到猪少的集市，可以卖得好价钱，碰到猪多的集市，就是亏本也得卖。生猪协会成立后，由协会打通营销渠道，保证了价格的稳定，切实维护了养猪农民的利益，仅卖猪的运费及途中损失一项，每头猪减少的损失在 30 元左右，以年外销生猪 36 480 头计算，仅此一项即可使当地生猪养殖户年增加收入 100 多万元。

三、农村社区服务网络体系建设及公共服务供给状况

农村社区服务网络体系主要包括农村社区公共服务网络体系、农村社区互助服务网络体系和农村社区市场化服务网络体系 3 个子体系，目前正处于恢复重建、孕育及发展的过程当中。

(一)农村社区公共服务网络

现阶段我国农村公共服务体系薄弱，是城乡经济社会发展不平衡的主要表现之一。为此，国家提出“城乡基本公共服务均等化”的战略决策，将基本公共服务的提供由城市向农村倾斜。各级地方政府在“城乡基本公共服务均等化”的政策引导下，采取积极对策，因地制宜地将事关百姓生活的就业、社会救助、保障、医疗卫生、殡葬、计划生育、文化体育、教育、退休人员管理等社区公共服务，从城市社区向农村社区覆盖拓展，取得了一定的成效。

【资　料】

·截至 2011 年 5 月，大连市共投入近 5 亿元使农村社区公共服务的覆盖率达到 95%，其中 90% 的农村社区已经配置了标准规范、功能完备的综合服务设施，这里“村里人”基本可以享受到和“城里人”均等的社区服务，初步形成了以政府公共服务为主体的

城乡社区服务体系，城乡基本公共服务均等化的目标得以实现。

·江西省抚州市的南城县采取积极措施大力推进包含文化活动中心、卫生服务站、农家超市等在内的农村社区公共服务网络体系建设，打造了农村一刻钟文体、医疗及购物服务圈。截至2008年末，全县11个乡镇都建立了文化站，150个村建有农村文化活动中心；80%以上的行政村建成了标准化卫生服务站，开展了医疗、康复、预防、保健、健康教育及计生指导等“六位一体”卫生服务工作；建起乡村便民超市90多家，千人以上的村庄超市两家以上。

·2010年，四川省加快推进县对乡镇广播电视的垂直管理运营体制建设，建立了以县为中心、乡镇为依托、服务农户的农村广播电视公共服务体制。目前四川全省181个县、区已经有93个全面建成。

但整体而言，农村社区公共服务网络体系的建设状况，与新农村建设的要求还存在着巨大的差距。电及自来水的供应、交通及通讯设施、医疗卫生设施、公共文体设施等农村生活性服务支持体系还不能够完全满足广大农民群众的生活需要；农田水利建设还存在纰漏，农村生产性服务支持体系不完善，严重影响了我国农业的生产安全；农村教育、科技等发展性服务支持体系与城市相比，依然存在着巨大的差距；农村五保救济、医疗以及社会养老保险等覆盖率很低，农村保障性服务支持体系仍需不断完善；全国3.4万个农村乡镇当中只有极少数的乡镇建立了相对完善的安全性服务支持体系，农村安全性服务支持体系严重缺乏。

(二)农村社区互助服务网络

随着新农村与和谐社会建设进程的推进，农村社区互助服务网络体系建设也日益受到重视，一些农村地区的社区互助功能在逐步恢复中得以重新构建。各级地方政府积极筹措，注重从实际出发，建立了一系列具有地方特色的农村社区互助服务新模式，为完善农村社区互助服务网络体系以及促进农村地区经济社会的全面可持续发展做出了巨大贡献。

【资　料】

·河北肥乡的农村集体建院互助服务养老新模式——前屯村互助幸福院。它采取“村级主办、互助服务、群众参与、政府支持”的办院模式，通过“集体建院、集中居住、自我保障、互助服务”的方式解决农村留守老人、空巢老人和失能、半失能老人的养老问题，是一条“村集体办得起、国家支持得起、老人住得起”的新路子。河北省计划 2011 年拿出 8 000 万元建设社会养老机构，重点推广互助幸福院建设经验，力争 20%的村完成农村互助幸福院建设任务；到“十二五”末，全省农村以互助幸福院为主的各种社会养老服务机构实现基本覆盖。

·浙江省瑞安市梅屿蔬菜合作社、苍南县太昌养蜂专业合作社、平阳县民天粮食专业合作社和南湖乡农发水稻种植专业合作社等农村资金互助合作社的建立大大降低了农民的生产风险，有利于扩大农业生产和农村消费，促进农业农村经济的可持续发展。

·苏北几乎村村都设有红白理事会，专门管理村里各家各户在“红白事”时的花销及规模，对农村倡导移风易俗、革除陈规陋习、转变农村社会风气、加强农村社会主义精神文明建设起到了有益的推动作用。

·自 2006 年起，安徽省财政厅在大别山区的金寨、霍山、太湖开展了一系列的“村民生产发展互助资金”试点工作，产生了良好的经济效益和社会效益，为欠发达地区创新农村融资机制进行了有益的探索。

总之，大多农村地区都逐步地建立起了与生产生活密切相关且与之相适应的各式各样的互助服务协会，为农村居民的生产生活提供方方面面的服务。农村社区互助服务网络体系日趋完善。

(三)农村社区市场化服务网络

农村市场化是突破制约农村改革和发展的瓶颈，是应对加入世贸组织所带来的挑战、开创农村经济发展新局面的必然要求。农村社区服务市场化有助于完善农村公共品的投入主体体系，有利于提高农村公共品的配置效率，有利于提高农村公共品的覆盖面及投入质量。为此，近些年来农村社区服务业呈现加速发展的趋势，尤其是与农民生产生活密切相关的农村消费市场网络(如农资供销网络、农产品超市网络等)、农村金融业以及农村物流等新兴服务业。

1. 农村消费市场网络　为构建农村消费市场网络，降低农村商品物流配送成本，形成连锁经营的现代流通模式，商务部实施了“万村千乡市场工程”。2009 年中央财政安排专项资金，建设和改造了 15.6 万家农家店和 1 100 个配送中心，带动社会投资 350 亿元。截至 2010 年末，“万村千乡市场工程”累计建设改造了 52 万个农家店，覆盖了全国 80%以上的乡镇和 65%以上的行政村，共支持建设了 2 667 个配送中心。同时，委托农家店代理销售邮政、电信和药品等以稳步推进一网多用，农村社区综合服务功能得以提升。农村连锁经营网络初步形成。“双百市场工程”和“农超对接”的实施大大降低了农产品的流通成本，减少了农产品的流通环节，提高了农产品的流通效率，加快了农产品流通体系的建设。

【资　料】[①]

·“双百市场工程”：2009 年中央财政安排专项资金，对 600 家农产品批发市场和 790 个农贸市场的建设项目进行扶持，使得

① 本资料摘自食品商务网 2010 年 1 月 30 日的文章《商务部介绍农村市场体系和农产品流通体系建设等》，编者进行了删改，http://www.21food.cn/html/news/35/542045.htm

这些市场年交易额超过5 200亿元，带动了上百万人的就业，改善了农产品的流通环境，实现了“兴一个市场，带一批产业，活一方经济，富一方农民”的多赢目标。农贸市场建设是2009年“双百市场工程”的亮点。据测算，中央及省级财政在农贸市场上每增加1元的投资便可带动民间超过11元的投资，这对于改善以往混乱的占道经营状况具有积极的意义。例如，陕西省建设的20个农贸市场2009年的产品销售量同比增长31%；新疆和田地区的农贸市场建设极大地改善了当地的市场环境，使得市场日均人流量增加了1.2万人，解决了5 000多名农村剩余劳动力的就业问题。

• “农超对接”：发达国家流通企业发展订单农业的比重高，购销关系稳定。美国食用农产品经超市销售的比重占90%，日本占85%，马来西亚占70%，澳大利亚占65%，我国这一比重仅为15%左右。产销脱节、信息不灵是农产品买难、卖难时有发生的主要原因。为解决上述问题，2009年中央财政安排专项资金，在17个省、自治区、直辖市支持了205个“农超对接”项目，带动社会投资40亿元，直接受益的农民专业合作社社员达11万人。推动流通企业发展订单农业，充分发挥流通引导作用，大幅减少农产品流通环节，建立集农产品生产、加工、包装、销售为一体的新型农产品供应链，对提高农民收入，促进食品安全意义重大。据物美、家家悦、家乐福等大型企业反映，通过发展订单农业，农民销售农产品价格平均提高约15%，超市的售价下降15%，使农民、消费者、企业三方受益。

2. 农村金融服务业 农村金融服务业能够为农业产业化的发展、乡镇企业发展和小城镇建设、农民生产和生活需要提供金融支持。解决“三农”问题，推进新农村建设进程，离不开金融服务业的强力支持。2007年1月22日，中国银行业监督管理委员会印发的《农村资金互助社管理暂行规定》将农村资金互助社定义为“经银行业监督管理机构批准，由乡(镇)、行政村农民、农村小企业、农民专业合作社社员自愿入股组成，为农村资金互助社社员提供存款、贷款、结算等业务的合作制的社区互助性银行业金融机构”，为农村金融服务业的发展提供了制度和政策支持，农村金融服务业得以迅猛发展。但是现有的农村金融服务业也存在着诸多不足，如网点设置不足、功能欠缺、业务覆盖面窄、农业保险发展滞后等，难以满足“三农”日益增长的资金需求。

为适应与满足“三农”日益增长的资金需求，快速推进新农村建设进程，各农村地区应积极探索、大胆创新，大力发展新型农村金融服务业，包括设立村镇银行、贷款公司等新型农村金融机构，以为新农村建设提供金融支持。

3. 农村物流服务业　为降低农村物流的服务成本，提升农村物流的服务层次，提高现代物流服务在农村的惠及面，各地都在积极探索农村物流基础设施建设、组织方式变革、配套政策制定以及物流市场主体等的发展途径，农村物流服务体系初步形成。例如，江苏省自 2008 年开展农村物流试点工作以来，积累了丰富的物流服务建设经验，形成了“选择开花、特色嫁接、各有几家”的农村物流发展模式，有力地促进了当地农村经济的繁荣发展。

第六章　农村社区服务新模式

在中央及各级地方政府的支持与引导之下，各地积极探索社区服务体系建设的新思路、新方法，创新社区服务及公共品投入的管理及运行机制，涌现出了各种各样具有地方特色的农村社区服务新模式。本章以山东省诸城市中心村社区或“多村一社区”服务模式、临沂市莒南县“村庄合并社区”服务模式、浙江省宁海县岔路镇“一片多村”大社区服务模式以及江西省农村“村落社区”服务模式为例，介绍当前我国农村社区服务体系建设的思路与方法，了解当地农村社区服务体系建设的主要做法以及已经取得的主要成效，为其他地区建设农村社区服务体系提供经验借鉴和政策启示。

第一节　山东省诸城市中心村社区或“多村一社区”服务模式[①]

山东省诸城市地处鲁东南，总面积 2 183 千米^2，辖 23 个乡(镇、街办)。经过 2007 年的乡镇合并撤销后，现辖 10 个乡(镇)、3 个街道、1 个省级经济开发区。诸城市共有 1 337 个村(居)民委员会，其中建制村 1 257 个，居民委员会 80 个。为统筹城乡经济发展，诸城市于 2007 年上半年建立了 18 个社区试点，形成了“政府主导、多方参与、科学定位、贴近基层、服务农民”的建设思路，并于下半年在全市范围内广泛推广。《关于推进农村社区化服务与建设的意见》[诸发(2007)54 号]提出将全市 1 257 个村民委员会科

① 资料来源于孙春山，《新农村社会建设的有益探索——诸城市推进农村社区化服务建设的调查与思考》，理论学习，2008(03)，并根据其他资料进行了补充和整理

学规划为208个农村社区服务中心的基本要求。农村社区服务中心的建设按照地域相近、规模适度、便于服务和有发展潜力等的原则进行，每个社区服务中心一般设医疗卫生、社区警务、社会保障、计划生育、灾害应急服务、文化体育、社区环卫、社区志愿者等八个服务站（室）和一处慈善超市、一个办事服务厅，为农民群众提供“一揽子”服务，服务半径为2～3千米，覆盖1 000～2 000户居民。“2千米服务圈”的形成极大地方便了农民的生产和生活。

党的十七大报告指出：“解决好农业、农村、农民问题，事关全面建设小康社会大局，必须始终作为全党工作的重中之重。”山东省诸城市在推进新农村建设的过程中，积极探索，创造性地建立了一套以“政府主导、多方参与、科学定位、贴近基层、服务农民”为宗旨的农村社区服务体系，把地域相邻的几个村庄规划为一个社区，在社区中心村设立公共服务机构，构建了为农民提供公共服务的有效机制，打破了公共服务产品供给的“城乡二元结构”，推进了“基本公共服务均等化”的实现进程，为推进城乡经济社会一体化的发展提供了有效平台，具有非常重要的现实意义。

一、主要做法

（一）提高思想认识，加强组织领导

诸城市将农村社区化服务作为社会建设的基础性工作、新农村建设的突破口以及巩固党的执政基础的重要措施、统筹城乡发展和构筑城乡经济社会一体化发展新格局的有效路径，要求市镇两级和有关部门成立社区建设协调指导机构；市民政局设立正科级的社区工作管理办公室，对农村社区建设工作进行研究部署、组织协调；各乡镇（街道）设立正科级的社区工作办公室，明确了工作职能、人员编制等。各乡镇（街道）和有关部门齐心协力，多管齐下，将农村社区化服务建设进程强力加以推进。除先后制定出台了10多个推进农村社区化服务建设的文件，对相关问题做出详细

规定，提出要求，并不断规范完善之外，诸城市还召开了一系列的市委常务会、市政府常务会和现场调度会，对农村社区化服务建设进行专题研究、检查调度，保证了农村社区建设工作的全面顺利进行。

(二)健全社区机构，明确职能定位

首先，在每个农村社区设立社区服务中心，社区服务中心内设一个办事服务厅和若干个服务站(室)。社区服务中心不是以生产经营为主的经营性组织，不以赢利为目的，也不是一级行政管理机构，不能干涉村级内部事务。它的职能定位是服务，具体承接政府行政部门依法延伸在农村社区的基本政务服务及有关公共服务。其次，在每个农村社区成立社区党组织和社区发展协调委员会，在乡镇(街道)党(工)委的领导下，围绕社区化服务发挥协调指导作用。社区党组织和社区发展协调委员会与社区内村庄及其他单位不存在上下级隶属关系。村庄与乡镇(街道)的隶属关系不变。这样定位能够避免社区服务人员“官僚化”和服务被“异化”现象的发生。最后，加强农村社区民间组织建设。大力发展各类协会、合作社等农村经济合作组织，为农民提供产前、产中和产后服务，促进农民增收。指导成立志愿者、老年人、妇女、关心下一代、计划生育协会等民间组织，引导支持各类民间组织参与农村社区各项服务供给。加强农村社区群团组织建设，充分发挥其在农村社区建设中的作用。

(三)优化社区空间布局，合理确定服务半径

诸城市按照便于服务、便于开发利用社区现有公共资源的要求，根据各地实际情况，合理确定社区服务范围，服务半径一般掌握在 2 千米、涵盖 5 个村、1 500 户左右，村庄规模较小的可适当增加村庄个数。之所以如此设定社区服务范围，是因为服务半径过大必然会导致服务效率不高，服务水平低下；而服务半径过小，又容易导致公共服务成本过高或公共服务资源浪费，公共财力难以为继，服务质量难以保证等一系列问题。合理确定农村社区服务范围之后，根据地域特点、资源配置以及居民生活习惯等因素，在社区内选择一个交通比较便利、班子基础比较好、发展潜力比较大的村庄，作为社区服务中心所在村。按照这一要求，诸城市共规划建设 208 个农村社区及社区服务中心，以实现基本公共服务对其所辖村庄的全覆盖。诸城市以中心村为重点，设定“2 千米服务圈”的农村社区空间布局，有效整合并优化了社区各类资源，推动了规模较小的村庄村民逐步向中心村集聚发展，提高了社区公共资源的利用效率和服务水平。

(四)开展“一揽子”服务，近距离服务农民

社区服务中心内设医疗卫生、社区警务、灾害应急服务、社区环卫、文化体育、计划生育、劳动保障、社区志愿者等八个服务站(室)和一处慈善超市、一个办事服务厅，实行“一门式”集中办理，明确了各个服务站(室)的职责，为农民群众提供“一揽子”服务，真心贴近农民。各个社区根据自身实际情况和群众需求，在保障基本公共服务供给的基础上，可适当增设服务内容和服务机构。总而言之，社区和社区服务中心主要为农民群众搞好三大类服务：一是延伸基本公共服务。将乡镇(街道)和市直有关部门的基本公共服务项目延伸到农村社区服务中心，满足农民群众在社会救助、医疗卫生、人口计生、文化体育、劳动保障、社区警务、司法调解、法律咨询等方面的公共服务需求。二是开展生产性服务。重点是建立健全直接为生产服务的科技信息、生产资料、市场营销服务体系；引导发展农民专业合作组织，提高农民组织化程度；设立社区土地流转服务中心，积极稳妥地推进土地经营权流转。三是发展市场化便民服务。按照互利双赢的原则，组织引导有关单位和企业到社区服务中心开展服务，由社区服务中心提供场所，设立便民超市、农资超市、便民食堂，代办代收有关证件费用等。这样既能够为农民提供除基本公共服务之外的其他便民服务，又可以通过市场化运作获取一部分收入用于社区服务中心的运转。

（五）建立长效机制，确保社区服务高效运行

主要是健全完善五项机制。一是资金投入机制。坚持以政府公共财政投入为主，将社区建设与运行费用纳入市、乡两级财政预算，绝不以任何形式增加农民负担。逐步建立起以各级财政、村集体积累资金投入为主体，以各级涉农资金、单位帮扶投入为辅助，以村（居）民自愿捐助、社会各界捐助为补充的农村社区建设多元化投入机制。二是人员保障机制。每个社区一般配备7名专职工作人员，以乡镇（街道）机关、医院和站所选派为主；同时，充分吸收老党员、老干部、老教师等组成社区工作志愿者，开展社会互助救助、公益事业服务等活动。在此基础上，除业务性、专业性强的服务窗口外，其他窗口实行一人多职、多岗一人，并积极推行信息化管理。通过这些方式，有效解决了部分乡镇农村社区服务人员相对缺乏的问题。三是内部运行机制。结合农村实际和农民办事特点，在社区服务中心作息时间、服务事项、办事流程、服务标准等方面建立健全了一系列规章制度，将社区化服务与建设纳入规范化轨道。四是部门协同机制。这一机制要求相关职能部门充分利用农村社区这个平台，结合各自业务将服务向农村社区下移延伸，从而实现向社区注入更多、更细、更受群众欢迎的服务内容，以最大限度地方便农民群众的目标。同时，加强各职能部门之间的对口指导和培训，提高社区服务人员的服务技能，以提升社区化服务水平。五是考核激励机制。诸城市将农村社区化服务与建设工作列入乡镇（街道）重点工作考核内容，对社区服务工作成效明显、群众满意度高的乡镇（街道）给予重奖；对不能按时完成农村社区建设任务的，在年度经济社会事业综合考核中，只排名次，不予奖励。对选派到社区的工作人员从职称评定、评先树优、提拔重用、工资报酬等方面做了明确规定，要求乡镇（街道）干部的提拔对象至少要有半年以上农村社区工作经历，以此激励工作人员对农民群众用心服务、真心服务、贴心服务。

二、主要成效

(一)推进了城乡基本公共服务均等化进程

城乡基本公共服务不均等,是建设社会主义和谐社会进程中面临的突出问题,也是影响社会公平公正的焦点问题之一。如何实现城乡基本公共服务的均等化,是统筹城乡发展,构建和谐社会进程中必须高度关注的问题。诸城市开展农村社区化服务,设立“2千米服务圈”,为政府公共服务向农村、向基层延伸搭建起了高效平台,改变了长期以来政府在农村的公共服务被“边缘化”的问题。尤其是政府对农村公共服务体系建设的集中投入,迅速提升了农村的公共服务水平,打破了公共服务供给方面的“城乡二元结构”,使得农民群众可以在家门口及时、便捷地享受到与城市居民一样的医疗卫生、治安警务、计划生育、扶贫救助、社会保障、劳动就业、矛盾化解、法律咨询等一系列公共服务,促进了县域内城乡基本公共服务均等化,有效推动了社会主义新农村建设。

(二)形成了城乡经济社会一体化发展的新格局

诸城市推行农村社区化服务,将更多的财政资金投入公共服务领域,投向公共服务薄弱的农村、基层和困难群众,并形成了长效机制,初步实现了城乡公共服务的一体化,适应了广大农民群众与日俱增的诸如医疗卫生、社会治安、文化体育以及社会优抚等方面的公共服务需求。这对于不断提高农民素质,提升农民生活质量,满足广大农民群众的精神文化需求等具有重大的意义。与此同时,诸城市以推行农村社区化建设为契机,积极推进城乡规划一体化、生态环境管理一体化、基础设施建设一体化以及产业发展一体化,将村庄的规划、建设以及管理统筹等纳入全市总体布局,大大提高了农村的城镇化水平,为实现城乡经济社会一体化的发展创造了更加有利的条件。

(三)促进了政府由管理型向服务型的转变

传统的乡镇(街道)机关、部门主要行使管理职能。由于计划经济体制的惯性影响,政府一直管得比较多、比较细,而在服务特别是基本公共服务方面却经常缺位。这种传统的服务方式已经不能满足广大农民群众日益增长的服务需求,服务型政府的建立迫在眉睫。胡锦涛总书记指出,建设服务型政府,要创新行政管理体制、创新社会管理体制。诸城市推行农村社区化建设,借助农村社区服务中心这个平台,将乡镇机关和市直部门工作人员以及服务下沉到农村社区,变原来蹲在机关为现在的走村入户送服务,建立起了贴近群众、服务群众的新机制,在服务中实施管理,在管理中体现服务,有效实现了管理与服务的有机结合,促进了基层政府由管理型向服务型的转变。

(四)实现了政府公共服务资源的优化配置

诸城市开展农村社区化服务与建设,打造"2千米服务圈",充分考虑到了服务效率和服务成本的问题,是一个能够实现对现有公共服务资源优化配置和效益最大化的选择。同时,将医疗卫生、社区警务、社会保障等政府的基本公共服务职能整合进社区服务中心这个平台,使得越来越多的部门可以依托这一平台,将自身的服务职能延伸到农村社区,找到了参与社会建设的着力点,有效避免了许多部门在社会建设过程中"各抓各的事,各干各的活"的"单打一"现象,使政府公共资源得到了集约与整合,大大提高了政府公共资源的配置效率,为群众办事提供了更多的方便。例如,该市舜王街道松园社区服务中心成立之前,由于舜王街道面积较大,周边的几个村离街道驻地有十几公里路远,碰上复杂一点的事,可能需要来回往返镇驻地三四次甚至更多,给群众办事带来了极大的不便。但是,2007年7月该社区服务中心成立之后,服务半径仅为2千米,再办同样的事情,群众只需要十几分钟便可到社区办理。

(五)巩固了党的执政基础和农村基层政权

基层党组织既是党的重要执政基础,也是一笔宝贵资源。但长期以来,基层党建存在“就城市抓城市、就农村抓农村”的传统思维模式,造成基层党组织设置城乡分割,党的组织优势在推进城乡一体化发展中的作用不够明显。诸城市通过推进农村社区化服务与建设,提高了农村基层党组织的凝聚力、创造力和战斗力,夯实了党在农村的执政基础,巩固了农村基层政权。其一,将村庄原来承担的服务职能和一些必要的社会事务管理职能下放到社区服务中心,从而使得村级党组织能够腾出更多的时间与精力抓班子自身建设、党员队伍建设和经济发展,增强了班子的凝聚力和战斗力。其二,推行农村社区化服务与建设,着力解决农民群众最关心、最直接、最现实的利益问题,体现了以人为本、服务农民的理念,进一步提高了党组织在农村的凝聚力。其三,农村社区党建工作的开展,实现了对农村党员教育管理的全覆盖,教育农村干部改进传统工作方式,将管理自觉寓于服务当中,改善了农村党群干群关系,提升了党和政府的形象,强化了党最基层的执政基础。

(六)推动了社区内其他村庄向社区中心村的融合聚集

诸城市推行农村社区化服务,除将公共服务平台建立在社区中心村,向广大农民群众提供基本公共服务之外,还加大了对社区中心村基础设施建设的投入力度,制定出台了一系列的优惠政策。如:社区内农民在中心村周围购买和建设新住房的,每平方米补助50元(对拆除原居住地老住宅的每平方米补助80元),等等,全面增强了中心村的吸引力和带动力,推动了社区内其他村庄向社区中心村的融合聚集,有助于打破“以家族为圈、以村庄为界”的传统,有利于农村社会阶层结构的优化,形成新的社会生活共同体。目前,这种农村新的社会生活共同体的雏形,在诸城市若干个农村社区已开始出现,如辛兴镇大杨家庄子社区、舜王街道的松园社区等。

（七）明显改进了干部工作作风

胡锦涛总书记曾经说过："党的一切奋斗和工作都是为了造福人民。"诸城市在推行农村社区化服务与建设过程中，教育并要求广大社区干部及工作人员要时刻铭记胡锦涛总书记的这一为人民服务的深刻教诲，充分理解社区服务的理念。在农村社区化服务中，面对面的服务方式有效改变了传统服务方式门难进、脸难看、事难办和推诿扯皮、办事效率低下的现象，大大提高了干部的自身素质与修养，拉近了干部与群众的距离，增进了干部对群众的感情，明显改进了干部的工作作风。有些社区工作人员由衷地说："群众办事有时真的很难，非常需要我们的服务。在社区工作，一方面让我们了解了群众需求，另一方面也让群众清楚我们在干什么，干群走得更近了，关系也更融洽了，比蹲在机关充实多了。"龙都街道邱家七吉社区服务中心负责司法调解的杨进山，对自己的工作深有感触地总结为：贴近生活，贴近群众，非常充实，自身价值也得到了体现。

（八）提高了乡村文明程度

诸城市在推行农村社区化服务与建设的过程中，通过调节民事纠纷、加强治安防控等服务，有效、及时地化解了农村矛盾，倡导和树立了遵纪守法、互帮互助、邻里和睦的良好风尚，使广大农民群众培养起了文明健康的行为习惯和生活方式，促进了农村社会和谐以及文明村庄的建设。特别是把社区文化建设作为农村社区化服务的主要内容之一，组织开展了一系列以文化娱乐中心、图书阅览室、健身室、秧歌队、小剧团等文化阵地为依托的，群众喜闻乐见的，健康积极向上的文化娱乐活动，丰富了农村精神文化生活，陶冶了农民情操，提升了农民素质，形成了科学文明、积极向上的社区文化主流，推动了农村社会主义文化建设。

三、经验启示

诸城市为农民打造“2千米服务圈”，大力推进农村社区化服务与建设，抓住了统筹城乡发展的关键环节，取得了显著的成效。其实践经验对其他地区加快推进新农村建设和城乡经济社会一体化的发展具有重要的借鉴意义。我们从中得到的启示主要有以下几点。

（一）谨遵“党的一切奋斗和工作都是为了造福人民”的服务宗旨

推行农村社区化服务及建设工程，必须谨遵“党的一切奋斗和工作都是为了造福人民”的服务宗旨，坚持群众满意原则，全心全意为群众办实事。诸城市在建设农村社区服务中心时，严格遵守“党的一切奋斗和工作都是为了造福人民”的服务宗旨和群众满意原则，将社区职能定位为服务组织，要求政府由过去管理和分配资源的管理者角色转变为引导和服务的服务者角色，成立了党委和政府领导、民政部门牵头、有关职能部门配合、乡镇街道负责、社会力量支持的社区服务平台，切实帮农民群众解决了许多生产生活中的“难点”、“焦点”问题，得到了广大农民群众的拥护和支持。

（二）坚持以人为本的科学理念

诸城市在推行农村社区化服务与建设的工程过程中，坚持以农民为本位，着力发展城乡一体的医疗卫生、社会保障、社区警务、教育等社会事业，将保障和改善民生放在了更加突出的位置，体现了诸城市对农民、农村的高度重视，缩小了城乡差距，推进了城乡经济社会一体化的发展进程。各地在推行农村社区化服务与建设工程时，应借鉴诸城市的成功经验，坚持以人为本的科学理念，充分保护农民的财产权利与物质利益，积极推进惠民工程，大力发展各项社会事业，让城乡居民共享经济发展的成果，而不是以政府为本位，损害农民的切身利益。

(三)坚持从实际出发,勇于改革创新

诸城市在山东省委、省政府的科学指导下,利用自身的经济实力和众多企业强有力的发展后劲进行社区规划和建设,结合当地农村实际情况,以增进农民福祉、促进农村全面发展为目标,推行的农村社区化服务与建设工程取得了显著的成效,具有较强的实践性和普遍性,对其他地区的农村社区化服务与建设具有非常重要的指导与借鉴意义。但是,我国农村的实际发展状况千差万别,为此,推行农村社区化服务与建设工程既不能被动地"等、靠、要",也不能简单套用和模仿。各地区需要因地制宜,充分考虑当地农民的实际需求和承受能力,解放思想,把握规律,创新机制,做好符合当地生产力水平的规划,明确总体思路、工作目标以及工作重点,走出一条具有地方特色的新农村建设之路。

(四)坚持建立健全长效运行机制,并不断探索完善

诸城市之所以能够稳步推进农村的社区化服务与建设工程,并取得显著成效,除受造福人民的服务宗旨、以人为本的科学理念、立足实际的出发点等因素的影响之外,较健全的长效运行机制也是一个非常重要的影响因素。该市在推行农村社区化服务与建设的过程中,重点解决社区化服务的资金投入机制、人员保障机制、内部运行机制、部门协同机制以及考核激励机制等问题,初步形成了农村社区化服务建设的长效机制。同时,该市还在实践中不断地探索新路子、新方法,如城乡联合党总支新型基层组织形式,既发挥了党的组织资源优势,又充分尊重和维护了各方利益,改变了长期以来基层党建存在"就城市抓城市、就农村抓农村"的传统思维模式,拓展了社区的服务职能。各地也应建立一系列健全的保障农村社区服务体系顺利运行的长效机制,并在实践过程中不断探索适合当地农村社区发展的新路子,逐步丰富本社区的服务方式和内容,提升服务水平,将农村社区服务中心建设成为农村公共服务中心、政治文化中心、经济商贸中心以及健身娱乐中心

等，以充分发挥其作用，带动农村经济的发展，进一步推进城乡经济社会一体化的发展。

第二节 临沂市莒南县“大村庄制农村社区”服务模式①

2004年底，莒南县相沟乡结合市、县开展的行政村规模调整工作，将原有的54个行政村合并减少到45个，减少9个。经过一段时间的运行，该乡在工作中发现存在部分合并村“貌合神离”，村干部之间相互扯皮，互不服气，工作效率低，村庄管理混乱，村级社会服务事业发展缓慢等现象。究其原因：一是部分村干部之间互相拆台；二是部分村宗族派性矛盾仍较突出；三是合并村强弱互补优势没有得到充分体现；四是中央惠农政策增多，村庄合并过程中坚持土地合同、债权债务、农业税负等不变的要求已不适应社会发展形势等。2006年年初，相沟乡审时度势，创新思路，借鉴外地经验，提出了建设农村社区的思路。两年多来，全乡共整合32个村庄，建立10个农村社区，行政村数量减少到13个。全乡4.2万人口，其中社区覆盖人口3.2万人，占全乡人口总数的76%。通过社区整合资源，集聚力量，加快发展，有效地带动了全乡各项社会事业的发展，为全市探索出了“大村庄制农村社区”的发展模式。

一、主要做法

莒南县相沟乡坚持先试点后推开的原则，选定三义口村作为

① 资料来源于中华人民共和国民政部基层政权和社区建设司官网2008年3月13日的文章《膨胀村庄规模 整合村庄资源积极探索农村社区建设新模式——关于对莒南县推行大村庄制农村社区建设的调研报告》，作者闵锐、孙孝建、郭慎伟，编者进行了删减，http://zqs.mca.gov.cn/article/cmzz/gzyj/llyjdybg/200803/20080300012434.shtml

试点，将三义口村改为三义农村社区。三义口村是2004年由张家三义口、杨家三义口等6个行政村合并形成，合并后共有2 300户，6 060口人，221名党员，区域面积10千米^2，是全县第一大村。在社区的建设过程中，该乡创新社区管理体制和运行机制，调动广大党员干部群众积极性，在较短的时间内改变了过去村庄管理混乱、街道脏乱、发展滞后的局面。在试点成功的基础上，全乡进行了推广。

(一)整合村庄资源，促进社区管理规范化

一是整合管理体制。社区只成立一套领导班子，即社区党组织和社区居民自治组织，班子职数和交叉任职率根据社区人口数量确定。撤销以前各自然村党支部，成立以社区为单位的党总支，并将支部建在社区各种协会组织上。

二是整合村庄资产。将原来各村5%以内机动地、宅基地、建设规划预留地、“四荒”地、集体积累等集体资产全部整合起来，由社区统筹管理和使用。对原自然村涉及的债务转移到社区承担，根据集体经济状况及政策情况，逐年偿还，逐步化解。

三是整合村庄合同。原自然村的各业承包合同，全部收归社区集中管理，集中变更发包人。对原自然村签订的未到期合同，继续维持合同期限。待合同到期后，再由社区公开发包。

(二)搭建工作平台，加快社区建设城镇化

一是为新农村建设搭建示范平台。相沟乡在进行农村社区建设规划时，紧紧围绕新农村建设的要求，把提升农村社区示范功能放在首位，引导社区按新农村标准进行建设，为新农村建设提供样板。

二是为社区群众提供集中服务平台。在全乡农村社区建设中实施“十个一”工程，即：每个社区建设一条商贸大街、一处集贸市场、一处便民超市、一个为民服务中心、一处小学或幼儿园、一处卫生室、一处文化广场和老年、幼儿游乐中心、一处警务室、一处工业及养殖项目区、一处现代农业示范项目区。在此基础上，发展各种服务业，为社区居民提供各类生产资料及生活用品，方便广大居民。

三是为农业产业化提供组织平台。社区内成立各类农业专业合作协会，发挥农村党员和农村能人的作用，把广大居民组织起来，促进农业产业化的迅速发展。在生产经营上，通过有能力的党员和农村能人的带动，以协会为单位统一组织、统一销售，为农民提供技术、市场、信息等产前、产中、产后服务，降低了农民生产经营风险。

四是为城镇化建设提供缓冲平台。加快旧村改造，集中力量建设居民新区，改善居民居住条件和环境，拉进了农村与城市的距离。改造建设了学校、卫生室、活动中心、日用百货超市、农资超市、餐饮、家电等各种基础服务设施，为居民提供全方位服务，加快了小城镇建设步伐。

(三)支部建在协会上，带动社区经济产业化

按照“围绕社区抓党建、抓好党建促发展”思路，打破原来村党组织设置模式，对党员进行重新组合。按照产业趋同、规模适度的原则，在专业协会中成立了青年、老年、妇女、农业、商会、经纪人、平安创建和社区服务区 8 个协会党支部，把党员全部纳入各协会党支部中，每名党员可以根据自身实际和行业特点加入多个协会，但只能加入一个党支部。党员在协会中担任会长、副会长和理事等职务。各协会中的理事会成员、优秀党员、产业大户和经营能人等组成协会成员联谊会，定期开展座谈、联谊活动，交流经验，协调关系，相互促进，共同提高。实行协会“1＋4”帮扶制，即协会中的每个党员经营户负责培植一个文明户、带动一个中间户、帮扶一个困难户、转化一个特困户，及时为群众提供系列化服务。通过协会建立现代农业示范园、养殖区、商业区等，带动了社区经济产业化发展。

二、主要成效

莒南县大村庄制农村社区建设在较短的时间里，取得了初步成效，有力地促进了农村政治稳定、社会发展和各项事业的进步。

(一)减少了干部职数，降低了行政成本，提高了办事效率

农村社区成立前，该乡共有村“两委”干部 192 人，成立社区后，村干部减少到 74 人，减少了 118 人，每年为乡政府节约 208.7 万元。干部职数的减少，不但没有影响工作，反而工作效率比以前提高很多。过去三义社区几个自然村从 2004 年就开始准备村村通自来水，各村分别制订规划和方案，一直没形成统一的意见，两年多也没能解决吃水问题。社区成立后，一套班子制订一套方案，仅用 20 天的时间就解决了吃水问题。不仅效率提高，也减轻了百姓负担。如张大路自然村仅有 480 人，如果自己村通自来水，每人至少需要筹资 1 000 元，而现在每户仅需 170 元就解决了问题。

(二)整合了村庄资源，拓宽了发展空间，改善了居民生活条件

农村社区成立后，通过整合各种资源，组建社区公益事业服务中心，动员群众兴修水利，修改道路等，增强了群众的集体意识，改善了农村基础设施，方便了群众生产生活。各社区都设立了老年活动中心或老年人协会，解决了老年人老有所养问题。健全和建立了商店、幼儿园、卫生室、图书室、农资超市等配套服务设施，村民高兴地说，现在社区服务功能齐全，日子越过越好，为社区居民解决了很多实际问题。从调查问卷来看，100%调查对象认为农村社区比原来要好，95%的居民对当前的生产生活条件感到满意。三义社区通过整合土地资源，调整、置换出超过 13 公顷土地成立经济项目区，用于招商引资、发展民营经济，拓宽了发展空间，促进了社区经济的发展。石河社区是由五个村整合的社区，其中张家和胡家两个村矿产资源比较丰富，占用土地较多，土地非常紧张，而其他三个村闲置土地较多，通过合并，整合土地用于发展矿业资源,还解决了三个村剩余劳动力的就业问题,既壮大了集体经济实力,又增加了居民收入。

(三)缩小了对立面,化解了矛盾,保持了社会稳定

过去,自然村间各自为战,一些仅有几百人的小村,因利益之争分成两派甚至多派。每次换届选举,派与派之间相互争斗,不可开交,村干部之间钩心斗角,相互扯皮。王庄社区中的原万东王庄村,仅有几百口人,从1999年开始,支部书记一年换3次,3年换9次,全村22名党员,除了年龄大的,基本上都干了一遍,整个村子处于瘫痪状态。成立社区后,宗族派性对立面小了,矛盾化解了。通过落实农村政策,调整土地,该村多年遗留的“宅田合一”的问题也得到了彻底解决。为了便于服务居民,各社区还印制了便民联系卡,将社区干部及社区工作人员的联系电话印在上面,发放到居民家中,以便社区居民发现问题时,能够及时跟社区联系。一位居民在田间劳动时,发现有人偷路沿石,及时拨打联系卡上的电话号码,抓住了小偷,避免了集体损失。花沟社区过去有几个村是老上访村,集体承包费连续五年没有收上来,通过整合,老百姓不上访了,多年的承包费也收上来了。从座谈的对象中,98%的人认为,实行大村庄制农村社区,化解了矛盾,维护了社会稳定。

(四)赢得了群众认可,提高了干部威信,增强了服务意识

过去,村干部干工作主要依靠行政命令。如今,社区干部转变了观念,由管理转向服务,主动为居民服务,提高了自己的威信,赢得了群众的拥护。王庄社区是由八个村组成的社区,原来的万东、寺东、万西村民吃水主要是河水,村子集体经济薄弱,干群矛盾比较突出,自来水问题一直没有解决,群众有怨言。农村社区成立后,社区干部首先解决了3个村吃水难问题。万西村过去街道狭窄、高低不平,老百姓称“晴天一身土,雨天一腿泥”,连拖拉机都进不去。社区干部了解后,统一社区财力,解决了老百姓行路难的问题。花沟社区原是由东花沟和西花沟合并成的,西花沟村地处山地，连块像样的宅基地都没有，而东花沟地势相对平坦，空地较多，两村合并后，经过社区干部商议，征求群众意见，同意西花沟在东花沟划宅基地建房子。三义社区为更好地服务老百姓，每年年初，社区干部还要征求居民意见，要求每人至少提五条有关社区的意见，建议一旦被采用，居民可以获得奖励，进一步调动了居民参与社区事务管理的积极性。

三、经验启示

在统筹城乡发展、经济社会发展的新形势下，大力推进大村庄制农村社区建设，对建设社会主义新农村具有重大的现实意义和深远的历史意义。从莒南县农村社区建设实践中，我们既积累了经验，也获得了不少启示。

（一）推进农村社区建设，必须整合各种资源

一是整合人力资源，解决“有人办事”的问题。建设农村社区，需要广大村民的广泛参与，更需要社区干部的正确引导。通过整合人力资源，扩大选人用人视野，能够把优秀的人才选进社区队伍。

二是整合闲置资源，解决“有地方办事”的问题。具备一定的办公和活动场所，是农村社区建设的基本条件。大村庄制社区可以挖掘各村闲置资源，根据群众需求，建设不同层次的社区服务站点，既方便了群众，又不增加群众负担。

（二）推进农村社区建设，必须加大资金投入

加快农村社区建设，关键靠投入。要采取政府扶持和发挥农民主体作用相结合的办法，着力建立农村社区建设长效投入机制。要将新农村建设资金重点投向农村社区，强化财政投入的导向作用。要放手发动群众，充分运用“一事一议”机制筹集公益事业投入资金，为农村社区健康有序运行提供有力保障。要实行市场运作，把村集体资源通过公开拍卖、承包加以开发利用，获得收益用于社区建设，解决资金短缺困难。

（三）推进农村社区建设，必须创新管理体制

要逐步理顺乡镇政府与社区居委会之间的关系，增强农村社区的管理、服务功能，逐步实现社区建设与居民自治的有机统一。进一步健全社区党组织领导的充满活力的居民自治机制，完善居委会选举制度，规范居民会议、居民代表会议制度，健全居务公开和民主管理制度，保证居民群众各项民主权利落实到位。要积极培育和发展农村社区中介组织、各种行业协会、各类专业经济组织协会以及社区志愿者组织，努力为居民的生产生活服务。

（四）推进农村社区建设，必须为居民服务

农村社区直接面对广大农民群众，是最基层的居民自治组织。党的形象和先进性就体现在社区的每一位党员身上，农村社区建设必须发挥党员的先锋模范作用，坚持群众利益无小事，积极打造村民“小事不出社区，大事提供方便”的社区管理新局面。

第三节　浙江省宁海县岔路镇“一片多村”大社区服务模式[①]

欠发达乡镇推进社会主义新农村建设，不仅有发展农村经济、促进农民增收的重任，还有完善公共服务、改善民生、提升农民生活质量的急需。宁海县岔路镇是宁波16个欠发达乡镇之一，地处山区、半山区，镇域面积108千米^2，总人口2.8万人，其中农业人口2.2万人。几年来，在市、县的高度重视和部门的结对帮扶下，经济社会得到较快发展，大批农村剩余劳力转向第二、第三产业，

① 资料来源于宁波农村经济综合信息网2011年3月2日的文章《宁海岔路镇建设一片多村大社区服务中心的调查与思考》，http://www.cnluye.com/html/main/ncltView/2467048.html，原载于宁波通讯

新农村建设扎实推进，农民收入持续增加。近年来，岔路镇在推进新农村建设过程中，从农村人口渐趋集中、山区村落分散等实际出发，积极探索建立“一片多村”大社区服务中心建设新模式，有效搭建了农村公共服务平台，为农民提供较为完善的生产生活服务，促进了社会和谐稳定，受到了农民群众的欢迎。

一、主要做法

（一）加强农村社区服务中心建设的领导和谋划

岔路镇并村后设置了21个行政村，下属113个自然村，由于自然村规模小、地域广、分布散，加上全镇2.8万人口，超过1/3的人口外出务工经商，留守群众办事十分不便，群众文化生活也比较贫乏。据此，2007年，镇党委、政府经过调研，按照农村干部群众的愿望，确立了“一片多村”的农村大社区建设模式，规划在岔路片、王爱片、白溪片建立3个区域性农村大社区服务中心，打造3个“3千米服务圈”，将服务及管理覆盖全镇21个行政村，为农民群众提供一揽子服务，同时为今后逐步引导小自然村向中心村、中心镇集聚打下基础。

（二）整合资源有序推进服务中心建设

由于岔路镇财政和村级集体经济还比较薄弱，在“一片多村”农村大社区服务中心建设推进过程中，岔路镇坚持量力而行，利用镇、村现有的公共设施，加以整合，推进服务中心和相关配套设施建设。岔路片农村大社区服务中心利用原镇建造的学校改建而成，王爱片、白溪片分别利用了原乡政府办公用房，通过改建、装修，建设成为综合性服务中心。由于这些服务中心地处片区域中心，是今后的中心村，综合服务中心建设可以服务群众，方便群众。为加快建设，镇里抽派农村工作经验丰富的干部，并借助农村工作指导员、村干部、大学生村官和社会志愿者的力量，组成大社区服务中心工作队伍。

(三)紧贴农民需求构建公共服务体系

岔路镇根据农民群众的综合服务需求，在大社区服务中心统一设立了“九站”、“十室”。“九站”即农村工作指导员工作站、大学生村干部工作站、党建工作服务站、社会事业服务站、劳动保障服务站、妇女维权服务站、公共卫生服务站、文体活动联络站和综合治理服务站。服务站下设“十室”，即党员学习教育活动室、多功能教育室、事务代理与救助室、青年志愿者服务室、纠纷调解室、社会保障工作室、生活服务室、计生医疗服务室、妇女维权咨询室、图书阅览室等。各服务站为群众提供社保、计生、医疗、调解、维权等48项基本公共服务和便民服务，充分满足农村居民各项服务需求。

(四)强化制度建设推进中心优化运作

为促进农村大社区服务中心规范运作，岔路镇切实加强制度建设。一是完善社区工作者考勤考核制度，实行上班签到制、请假分级审批制、值班制度等，每月不定期对社区服务中心人员服务情况和劳动纪律情况进行抽查，定期通报目标完成、出勤和违纪处理结果。二是健全信息服务制度。中心工作人员积极承担村民联络员、“农民信箱”信息员等职责，做好对群众的信息服务，确保农村各项事务得到及时妥善解决。三是强化考核激励。在工作考评机制上，实行工作任务完成的数量和质量相结合，日常考核和年终考核相结合。对服务站、室的工作情况进行月报告、季考核，做好业绩评估，由群众监督，同时与年度考核评先和适当的物质奖励配套。

二、主要成效

(一)满足了农民的基本需求

大社区服务中心实行“一站式”服务模式，立足群众，强化服务，将农村的生产、社会救助、建房审批、办证办照、社会保障、就业安置、司法服务、信访接待等服务项目集中于此，不仅提高了中心的综合服务功能，而且方便了群众办事。在每个“联合办公日”，镇联片领导、农村工作指导员、大学生村干部等协同有关职能部门工作人员联合办公，共同协调解决农民群众生产生活中碰到的困难和问题。

(二)提升了农村的公共服务

农村大社区服务中心自成立以来，各服务站(室)工作人员积极发挥职能，组织文化宣传队、治安巡逻队、民事调解队、绿色环保队、法律服务队、医疗卫生队等共60余人，积极开展便民利民服务活动，组织党员突击队，开展安全巡逻、森林防火、抗洪抢险、环境整治等工作，村级综治、服务、卫生、文化、环境、治安等方面都有较明显改善。

(三)便利了农民的生产生活

各大社区服务中心运行以来，累计培训农民800余人次，为党员、群众提供咨询服务528人次。2008年，各农村社区服务中心联合举办了“平安奥运·和谐新农村”主题活动，积极开展丰富多彩、形式多样的群众文化体育活动。截至目前，各农村社区服务中心已为镇敬老院全院72位老人建立了健康档案，受到村民的一致好评。

(四)盘活了农村的闲置资源

随着农村人口向城镇迁移的加快，村级原有的办公用房、学校布局调整后的校舍等出现不同程度的闲置。岔路镇在建设“一片多村”大社区服务中心的过程中，把原有的公房等经过整合拆建，为农民提供活动和服务场所，并实施党员服务中心共建，节约了建设资金，实现了村集体资产的增值。

三、经验启示

岔路镇的“一片多村”大社区服务中心建设，还处在探索过程中,但其一定程度上为欠发达农村推进新农村建设提供了一定启示。

(一)以民为本,科学谋划

统筹城乡经济社会发展,推进新农村建设,提升农村社会发展水平,让农民享受与城市居民同等水平的公共服务,这是广大农民群众的期盼。但是目前农村经济发展程度存在很大差异,应根据各地实际,循序渐进地推进。从农村人口的变迁趋势看,宁波市一些欠发达乡镇农村人口萎缩的趋势比较明显,不少村由于地处偏僻,经济发展滞后,随着大批年轻人外流就业以及孩子到城镇上学的增多,常居人口渐趋减少。在这些农村布局公共事业、商贸服务等建设,就不能不考虑到当地实际,用有限的资金建设辐射更大范围的社区服务中心。市、县(市)区应加大对这类乡镇、村的支持,多"雪中送炭",按照"党委领导、政府负责、民政牵头、部门配合、农民主体、社会参与"的农村社区服务中心建设工作机制,以社区服务中心为载体搭建改善农民生活环境、为农民提供综合服务的重要平台。

(二)因地制宜,整合资源

在欠发达地区建设农村社区服务中心,应因地制宜,从实际出发,整合盘活各种资源。一是利用闲置房产。二是整合利用有关资金。这些年由于建设新农村力度的加大,各级政府及有关部门相应地有资金到农村,而有些项目放在单个村会辐射面不够,就可以在县(市)区的统筹下,尽量在可以照顾更多村的地方布局建设,就像社区服务中心一样,发挥项目的最大效用,但考虑到散居在欠发达农村的人口渐渐以老年人为主,在统筹集中使用资金的基础上,要配足人员及设备,为交通偏僻村的行动不便老人送服务上门。要研究探索建立多元化的欠发达农村社区服务中心建设投入机制,鼓励社会团体、企事业单位和个人以捐赠、投资方式兴办农村社区服务项目。三是整合人力资源。从乡镇抽调熟悉农村的干部、大学生村官、乡镇专职农指员充实大社区服务中心力量，还可根据技能素质情况，吸纳一些农村实用人才进社区服务中心，实现农民的自我服务、自我发展。

(三)围绕发展，改善民生

推进农村社区服务中心建设，应根据农村的实际，突出及时、便捷、优质、高效，重点应提供三方面的服务。一是服务经济的发展。发展是第一要务，农村社区服务中心要把促进农村经济发展、农民持续增收放在重要位置，为农村提供实用技术培训与推广、市场信息等服务，并向农民传递各级的惠农政策，使惠农政策能及时到村为农民了解掌握。二是服务生活质量的提升。随着经济的发展，农民对生活质量的要求渐渐提高，岔路镇在社区服务中心设置的“九站”、“十室”，为农民提供了全方位的服务，虽然它的功能发挥还只是初步的，但它为今后充实丰富服务内容打下了基础，今后，农村社区服务中心可以成为“三下乡”在农村的重要支点，提升农村公共服务质量。三是服务乡风文明的培育。宣传文明生活方式，促进农民遵守公共秩序良好习惯的养成，从而推动整个村庄的环境美化洁化，并形成和谐和睦的村落邻里关系。

第四节　江西省农村“村落社区”服务模式[①]

近些年来，随着江西省农村改革的不断深化和经济的快速发展，农村社会结构产生了深刻变化，农民的思想观念和生活方式发生了重大转变。农村社区服务体系建设作为新农村建设的一大支点和突破口，成为各级政府加强和创新农村社会管理和公共服务供给的重要手段。开展农村社区建设，构建农村社会管理和服务

① 资料来源于王明美，《江西村落社区建设：欠发达地区农村社区建设的成功探索》，江西行政学院学报，2008(03)，并根据其他资料进行了补充和整理

体制，成为江西省农村管理与服务的新方向。在农村社区建设工作的开展及积极探索中，江西省逐渐形成了一种农村社区服务体系建设模式——“村落[①]社区”服务模式，为基本公共服务由城市向农村倾斜提供了平台与载体，带动了农村公共服务的整体发展，促进了城乡基本公共服务均等化。

一、主要做法

江西省是欠发达省份，经济实力与财政收入都比较弱，所以可以说江西省“村落社区”服务体系建设是欠发达地区农村社区建设的成功探索。通过不断地探索与实践，江西省初步建立了“党委政府领导、民政部门指导、村级组织牵头、志愿者协会主办、社会力量支持、村民广泛参与”的村落社区服务体系运行新机制，取得了显著的成效。其主要做法如下：

(一)成立村落社区志愿者协会，依托“六站”开展服务体系建设

农村中的“五老”(老党员、老干部、老模范、老复退军人、老教师)、无职党员以及县、乡两级退休和退居二线的回乡居住老干部，有着颇为广泛的社会联系和社会影响，有组织领导和宣传发动的能力，也有真心与时间为农民群众谋利益。因此，依靠他们建立以村落中的“五老”为主体，以热心村落社区建设的志愿者组成的社区自愿者协会为依托的村落社区志愿者协会，能够高效、迅速地推进农村社区服务体系的建设。村落社区志愿者协会下设社会互助救助站、公益事业服务站、卫生环境监督站、经济建设工作站、民间纠纷调解站以及文化活动联络站，并通过这“六站”来建设服务体系，为广大农民群众提供基本公共服务。

1. 社会互助救助站 其主要职责为开展以自然村内孤寡老

---

① 村落，主要指大的聚落或多个聚落形成的群体，常用作现代意义上的人口集中分布的区域，包括自然村落(自然村)和村庄区域

人、残疾人、贫困人员为主要对象，以扶贫帮困、互助救济、生活扶助为主要内容的服务活动，营造互帮互助的生活氛围，陶冶其情操，养成互帮互助习惯，从而在整个村落社区内形成互帮互助的风气。

2. 公益事业服务站 其职责为开展公益事业服务，如动员广大农民群众建设和维护村落社区内道路、水利、电视等公共基础设施；帮助村落社区居民建设沼气池；爱护和管理公共财产等。

3. 卫生环境监督站 建设环境优美的新型村落社区，是农村社区服务体系建设的重要内容之一。卫生环境监督站的职责主要有3点：加强宣传教育，帮助村落社区内广大农民群众树立并提高卫生环保意识，培养良好的生活习惯；协助建立农村合作医疗站，以不断强化疾病预防、健康教育和计划生育等基本公共服务，进一步提升村落社区的医疗卫生条件；积极探索改善村落社区居住环境的方法与途径，并采取相应措施，逐步消灭脏、乱、差，净化、绿化、美化村落社区。

4. 经济建设工作站 其作用就是通过成立合作社、销售协会等组织，为村落社区内居民提供生产、生活服务。如改善水利条件、邀请专家开展生产经营和技术讲课咨询、招商引资办企业等，指导、帮助村落社区内居民致富奔小康，促进农村经济社会的稳定、协调发展。

5. 民间纠纷调解站 其主要职责如下：引导村落社区内居民尊老爱幼、互谦互让、互帮互助；制止偷窃、非法宗教活动以及打架斗殴等不良或违法犯罪行为；协助村级组织做好治安联防，开展经常性、群众性的法制宣传与教育，打击违法犯罪，强化帮教工作与流动人口的管理工作；调解民间纠纷，化解群众矛盾，及时发现并消除治安隐患，维护村落社区的安全与稳定。

6. 文化活动联络站 其主要职责就是繁荣村落社区的文化体育活动，弘扬和培育民族精神；宣传“爱国守法、明礼诚信、团结友善、勤俭自强、敬业奉献”的公民基本道德规范，形成健康积极向上、文明和谐的文化氛围；组织开展丰富多彩的文化体育活动，提高村落社区居民的综合素质，推动农村精神文明建设。

（二）利用村落社区内的闲置房产，建设村落社区服务中心

一方面，江西省作为一个欠发达的省份，村落社区服务中心建设资金的来源非常匮乏；另一方面，建设村落社区服务中心需要有一定的活动场所，而江西农村又恰好拥有许多的闲置房产，如宗族祠堂、校舍、仓库等。为此，江西省充分利用了并有效整合了这些社会资源，建设了村落社区服务中心，内设志愿者协会办公室、社区学校、图书阅览室、文体活动室等各种服务场所。这些服务场所还有专人管理且坚持每天开放，将服务场所的作用发挥到了极致。江西省的这些做法解决了建设资金困境和空间需要困境，为向社区内居民提供基本公共服务搭建了有效平台，丰富了社区内居民的业余文化生活、密切了居民之间的关系、增强了社区的凝聚力和向心力。

（三）以村落社区内居民的共同需求与期望为出发点，开展社区服务活动

推进农村社区服务体系建设，首先要着力解决广大农民群众迫切需要解决的问题。江西省的做法是组织和依靠村落社区内居民自身力量，以村落社区内居民的共同需求与期望为出发点，从村落社区内居民最乐于参与的活动入手，开展自我服务。开展互助互济、扶贫帮困活动，帮助社区内弱势群体排忧解难；组织社区内居民整治村容村貌，净化、绿化、美化社区，搞好环境卫生，改善社区居民的居住环境；组织社区内居民开展文化体育活动，丰富居民业余生活，改变陋习，重构居民农村生活的意义与价值体系；组织社区内居民改水改厕、修桥铺路，发展公益事业，普及科普知识，互通科技和产品销售信息，不断满足社区居民日益增长的物质文化生活需要与各类生产服务需求；协助开展社会治安综合治理，调解邻里纠纷,维护社会治安等,得到了社区内广大农民群众的热烈欢迎与广泛认可,极大地调动了农民群众的参与积极性。

(四)创造良好的政治环境,努力实现执政观念和政府职能的转变

村民自治,简而言之就是广大农民群众直接行使民主权利,依法办理自己的事情,创造自己的幸福生活,实行自我管理、自我教育、自我服务的一项基本社会政治制度,其核心内容是“四个民主”,即民主选举、民主决策、民主管理、民主监督,是现阶段党对农村基层进行管理的政治体制。但是,不少地方由于受传统管理体制的影响,未能切实做到将广大农民群众作为自治的主体。为此,完善当前村民自治制度必须实现政府执政观念与职能的转变。对于政府执政观念的转变,江西省提出要通过健全基层自治组织和民主管理制度,完善公开办事制度实现由“为民做主”、“替民做主”的执政观念转变为在党的领导下让人民群众依法当家做主的执政观念;通过加强宣传教育和制度建设以及民主法制的实践实现由“人治”和“特权”的执政观念转变为“依法治国”的执政观念;通过加强党风廉政建设实现由“害怕群众”和“愚民”的执政观念转变为“相信和依靠群众”的执政观念。对于政府职能的转变,江西省提出必须要建立健全党委领导、政府负责、社会协同、公众参与的社会管理格局,以实现从计划经济时期的全能政府向市场经济时期的有限职能政府转变。

(五)争取政府的大力支持,推动村落社区服务体系建设健康持续发展

江西省在村落社区服务体系建设中取得的显著成效,是与政府的大力支持分不开的。在推进村落社区服务体系建设过程中,江西省采取了多种方法来争取各级党委和政府的重视与支持。2003 年,省民政厅及时总结了全省 100 个试点村落的建设经验,并呈报给省委、省政府的主要领导和分管领导,得到省委、省政府领导的高度重视与充分肯定。2004 年 4 月，省委办公厅、省政府办公厅转发了《省民政厅关于切实做好全省农村村落社区建设工作的意见》，使村落社区服务体系建设工作在全省得以全面推广。从 2004 年起，省民政厅将村落社区建设列入全省民政工作目标管理，每年组织考评。2005 年 4 月报请省委、省政府同意，召开了全省城乡社区建设先进单位和先进个人表彰会。省民政厅向全省介绍了韩国政府 20 世纪 70 年代开展“新村建设”的做法，拓宽了干部群众的视野。积极组织开展了村落社区与城市社区联谊结对活动的试点，探索和尝试城乡社区对接。省民政厅与省慈善总会联合向省内外出版社募集图书，用于充实村落社区图书室。将村落社区建设列入江西省城乡社区建设“十一五”规划。

二、主要成效

江西省的村落社区服务体系建设在党委政府、社会以及广大农民群众的共同努力下，取得了显著成效。

(一)维护了农村最基层的社会稳定

通过开展村落社区服务体系建设，充分发挥志愿者协会中民间纠纷调解站的作用，不仅及时、有效地化解了如争夺水源、地皮、山林，邻里纠纷以及婚姻纠葛等许多民间纠纷，基本做到了民间纠纷调解不出村落社区，而且还化解了一些多年的积怨，缓和了社会矛盾，维护了农村社会的稳定。

(二)推动了农村经济社会的发展

在各级党委和政府的大力支持下以及社会与广大农民群众的积极参与下，江西省充分发挥了当地农村闲置房产的作用，建设了村落社区服务中心，开辟了图书阅览室、文体活动室以及社区学校等公共服务场所。这些公共服务场所能够为社区内居民提供各类与生产生活密切相关的基本公共服务，能够使社区内居民及时获取各种致富信息，能够为社区内居民学习各种农业科技知识提供平台与载体，增长了社区内居民勤劳致富的本领，促进了农村经济社会的发展。

（三）巩固了党在农村基层的执政基础

江西省在“村落社区”服务体系的建设过程中，建立了以村落中的“五老”为主体，以热心村落社区建设的志愿者组成的社区自愿者协会为依托的村落社区志愿者协会，高效、迅速地推进了农村社区服务体系的建设。村落社区志愿者协会中又成立了党小组或党支部，使党的基层组织延伸到了自然村。同时，村落社区建设与党委组织部门在农村开展的“三培两带两服”[①]活动和无职党员设岗定责活动相结合，为充分发挥农村党员的模范带头作用搭建了平台，使党的方针政策、国家法律法规的宣传和党的思想工作、群众工作进一步得到落实，进一步改善了党群关系，巩固了党在基层的执政基础。此外，不少地方的党组织还注意将积极参与村落社区服务体系建设的志愿者，尤其是其中的致富能手培养入党，使他们成为党在农村工作中的骨干分子。由于这些人本身就来自于农村，更容易深入基层，融入群众，更能够理解农民的行为，更了解农民的迫切需要，有利于团结群众，更进一步密切党群关系与干群关系。

（四）重建了农村和谐互助的人际关系

农村村落社区志愿者协会下设的社会互助救助站将自然村内孤寡老人、残疾人、贫困人员等困难群体列为主要帮扶对象，普遍组织开展了各种以扶贫帮困、互助救济、生活扶助为主要内容的互助互济活动，使村落社区内的孤、老、弱、病、残、贫等弱势群体得到了更多的关爱、扶助和精神抚慰，保障了困难群体的基本生活，成

① “三培两带两服”即：把党员培养成致富能手、把致富能手培养成党员、把致富能手培养成村组干部，党员带头致富、带领群众共同致富，党组织和党员干部服务农民生产经营、服务农民生活改善

为政府提供的农村社区保障机制的有效补充。可见,村落社区服务体系的建设强化了社区内居民的集体意识和互助意识,使整个社区逐步形成了“一家的难大家帮,大家共把困难扛”的邻里互助好风尚,重建了农村和谐互助的人际关系。

(五)营造了健康向上的文明新风

村落社区志愿者协会下设的文化活动联络站通过创办娱乐活动中心、图书阅览室、文化宣传长廊、老年人活动室、农民剧团、妇女秧歌舞队、扇子舞队以及龙灯队、武术队等文娱活动载体,开展了拔河、摄影、书法、绘画比赛等各种健康有益的文化体育活动,丰富了农村文化生活,传播了科技文化知识,推动了农村精神文明建设;开展了评选清洁户、文明户、好媳妇、好婆婆、好孩子等群众性文明创建活动,改变了落后的观念和陋习,营造了健康向上的文明新风,使广大农民群众的思想道德素质得到很大程度上的提高,精神面貌得到明显改善。

(六)促进了农村公益事业的发展

江西省村落社区服务体系的建设,增强了广大农民群众的社区意识和参与意识。其成立的村落社区志愿者协会坚持从自身村落的实际情况出发,围绕广大农民群众最迫切的共同需求,协助村党组织和村委会组织并发动广大农民群众自己动手,多方筹资,在力所能及的情况下创办了许多公益事业。如整修下水道、改建厕所、兴建垃圾窖、硬化村道、建设村落中心花园和村落社区活动中心等,极大地推进了农村公益事业的深入发展。

三、经验启示

江西省村落社区服务模式,是深化村民自治、推进基层民主政治建设的创新之举,是经过实践证明了的建设社会主义新农村的有效形式和重要途径,具有广阔的发展前景。从江西省的成功实践中,我们可以得到以下几点启示。

(一)经济欠发达地区照样可以建设农村社区服务体系

任何一项改革试验都需要投入一定的资金，都需要有比较雄厚的财力作支撑，这就是为什么许多的改革试验都选择了在经济较发达地区进行。然而，江西省作为一个经济社会发展相对落后的省份，却能够自选课题，自创思路，率先在我国搞起了农村社区建设，成为全国农村社区建设的“第一块试验田”，建设了“村落社区”服务体系，并取得了显著的成效。江西省的成功实践清楚地表明，经济欠发达地区照样可以开展，而且能够搞好农村社区以及服务体系的建设，鼓舞了其他经济社会发展落后农村探索社区及服务体系建设的士气。

(二)新形势下开展农村工作依然要依靠群众

社会主义市场经济体系的建立为党和政府在农村的工作带来了一系列的新问题。“还要不要走依靠群众的路子”就是众多新问题当中的一个。江西省村落社区服务体系建设的成功经验告诉我们，新形势下开展农村工作依然要走群众路线，即一切为了群众，一切依靠群众，从群众中来，到群众中去。其具体做法是坚决支持、大力扶助农民自发组织起来的群众性组织——村落社区志愿者协会，依靠志愿者协会来发动群众，调动群众参与社区以及服务体系建设的积极性。

(三)农村社区以及服务体系建设必须要以满足群众切身需求为基准点

江西省建设村落社区服务体系，从广大农民群众最关心、最迫切的基本公共服务入手，想群众之所想，急群众之所急，处处为群众办好事、办实事，使广大农民群众真真切切地享受到了种种好处与实惠，激发了广大农民群众参与社区以及服务体系建设的热情。这就告诉我们：做农村工作要切忌跟广大农民群众讲空洞的大道理，而是要立足于付诸便民、助民、利民、安民、富民的实际行动。只有这样，我们在农村的工作才能够得到广大农民群众真心实意的支持，才能够保障农村工作的顺利开展，高效完成。

（四）农村社区服务体系的建设要有新思路、新机制、新方法

江西省基于其自然村分散且村委会管理难度大等原因，采取以自然村为基本单元建设了村落社区服务体系，开辟了富有创意的思路；省民政部门因势利导，率先在全国成立了村落社区志愿者协会，依托村落内"五老"、无职党员以及县乡两级退休和退居二线的回乡居住的老干部的人格魅力、威望，增强了广大农民群众之间的凝聚力，调动了其参与社区以及服务体系建设的积极性，是在现行农村基层管理体制外的一个重要机制创新，刷新了政府与社会力量的合作形式；村落社区志愿者协会畅通了党对农村政策的传导机制，改变了过去党对基层社会的领导与控制主要依靠行政组织的管理体制，形成了党领导下"政府、社会、群众"三结合的基层社会管理格局。这是政府行政功能与社会自治功能互补的社会管理网络的新路子；村落社区服务体系建设过程中，所开展和组织的各项活动都充分尊重了广大农民群众的意愿和权利，不仅是完善村民自治的有效途径，而且是动员农民群众广泛参与社会主义新农村建设的有效形式；按照"在举措上落实互动、在优势上寻找互补、在效果上追求互赢"的总体思路，不仅拓展了城乡社区建设的内容，而且探索出了一条依靠社会和城市居民的力量，实现工业反哺农业、城市支援农村、城乡协调发展的新途径。

江西省依靠这些思路、机制和方法上的创新点，在村落社区服务体系建设中取得了瞩目的成效。这就告诉我们：在社会主义新农村建设的新形势下，建设农村社区以及服务体系必须要立足于实际，充分发挥自身优势，在合理借鉴其他地区的成功经验的基础上，积极探索、创新建设思路、机制和方法，而绝不能照搬硬套。

第七章　健全农村社区服务体系，保障农村公共品投入

当前，我国农村公共品的投入存在着数量不足、质量不高、供给效率低下等问题，这与公共品投入与需求信息之间的错位、供给资金的短缺等是分不开的。公共服务社区化有助于汇聚政府、市场、社会、农民多元化投入主体的合力，更好地适应与满足了广大农民群众对公共品高质量、多元化、多层次化的需求，是保障农村公共品投入的必然选择。为此，保障农村公共品投入，必须建设农村社区服务平台，拓展农村社区服务功能，构建多元化投入机制，加强农村社区服务队伍建设，以建立健全的农村社区服务体系。

第一节　因地制宜，建设农村社区服务平台

各农村地区的经济发展水平、所处地理位置、自然村分布状况、人口密度等情况千差万别。为此，建设农村社区服务平台，必须从农村的差异性出发，以人为本，因地制宜，合理选择社区服务模式，科学规划社区服务体系建设的重点内容，有效布局与配置社区服务基础设施。

一、社区服务模式的选择

在政府的大力支持下，很多农村地区经过积极探索与不断实践，创建了适合自身发展的社区服务模式，如山东省诸城市的中心村社区或“多村一社区”服务模式、临沂市莒南县的“大村庄制农村社区”服务模式、浙江省宁海县岔路镇的“一片多村”大社区服务模式、江西省农村的“村落社区”服务模式等，都取得了显著的成效。

为此，各农村地区对社区服务模式的选择应立足于农村的实际情况，借鉴其他农村地区的实践经验，积极创新，不断实践，努力探索适合自身发展的社区服务模式，推进农村社区服务体系的建设。

二、社区服务体系建设重点内容的规划

农村社区服务体系建设的重点内容包括基础设施体系、服务组织体系、服务网络体系等的建立。在社区服务体系建设的具体实践过程中，各农村社区要坚持以方便社区居民的生产和生活为根本目标，以适应并满足社区居民的需求为基本原则，从实际出发，依据自身经济发展水平确定社区服务体系建设的重点内容。

对于经济较发达的农村社区，可在基本社区服务内容的基础之上，适当地扩大服务的领域和范围，提高公共服务设施的建设数量与质量，深化社区服务组织的专业化程度，提升社区服务工作人员的综合素质，以促进城乡公共服务的一体化以及服务设施与服务组织的体系化和配套完善化。由于经济发展水平较高，经济较发达的农村社区全面推进农村社会保障体系的条件已基本成熟，可依据社区实际情况直接实行城乡统一的社会保障体系，或是建立覆盖面广、保障项目完备的农村社会保障体系。经济欠发达的农村社区应将社区服务体系建设的重点放在当前社区急需的公共服务设施的建设上，在保证公共服务设施的建设数量以及质量标准的前提下，区分公共服务设施的重点与一般，安排建设的先后顺序。由于经济发展水平较低，经济欠发达的农村社区全面推进农村社会保障体系的条件还不成熟，可本着急用先立的原则，从广大农民群众最急需的保障项目，如农村低保、合作医疗等入手。特殊自然环境和经济社会特征的农村社区，社区服务体系建设的重点内容要充分依据社区内居民的需求确定。如牧区、渔区社区服务体系建设的重点内容应根据各自的生产要求以及社区居民的生活特性进行安排。

三、社区服务基础设施的布局与配置

人口密度与居住点积聚程度、乡村类型与等级、原有设施的布局与配置、投入主体和社区居民的利益是社区服务基础设施空间布局与配置规模需要考虑的重要因素。

农村社区的人口密度以及村镇居民点的空间布局状况是社区服务基础设施空间布局与配置规模需要考虑的最基本因素。在一定空间范围内，社区服务基础设施覆盖的人越多越好，最大的社区服务基础设施使用距离越小越好。为此，按照社区人口密度以及村镇居民点的集聚程度布局与配置社区服务基础设施能够最大限度地保证社区居民自由选择公共品的权利。

不同类型与等级的乡村，其农民需求水平、消费能力、乡村集体组织的供给能力、乡村空间区位、乡村的建设类型等不同，乡村内的社区服务基础设施的布局以及配置的共享可能性、等级规模、种类等自然也不同。

由于社区服务基础设施的建设与拆迁成本较高，在规划或调整社区服务基础设施的布局与配置时要尽可能地基于原有服务设施进行改善，充分考虑社区服务基础设施的服务质量、设施规模以及使用频率等因素，实现社区服务基础设施布局与配置的科学性。同时，在社区服务基础设施的空间配置过程中，要充分考虑使用者的出行成本以及使用的便利性。

此外，由于社区服务基础设施存在着多元投入主体和多元供给模式，那么部分投入主体就有可能将运行效率放在首位。这样一来，投入主体就会与希望公平享用社区服务基础设施的社区居民发生利益冲突。为此，在社区服务基础设施的配置过程中，还要协调好投入主体与社区居民之间的利益。

第二节　以需求为导向，拓展农村社区服务功能

良好的社区服务是社区建设的重要内容，与广大农民群众的需求与偏好相适应的社区服务是社区建设得以顺利进行，农村经济社会得以发展，新农村建设工程得以推进的基础。各农村地区经济发展水平不同，区域特征不同，生产及生活方式也不同，村民对公共品的需求与偏好自然也不同。所以，各农村社区应区别各自的不同情况，掌握社区内居民所担忧与期盼的公共品，按照“贴近需求、相对集中、便民利民”的基本原则，有针对性地重点发展服务项目，拓展农村社区服务功能，为广大农民群众提供更多层次、更多种类的公共品，以更好地适应与满足广大农民群众的需求与偏好，推进农村经济社会的发展。

目前，我国农村普遍迫切需要的基本公共品包括公共文体教育、公共卫生、养老幼托、环境治理以及信息共享等。为此，农村社区应设立相应的服务项目，拓展社区服务功能，进而适应与满足社区居民对这些公共品的迫切需求。

一、公共文体教育服务

农村社区的公共文体教育服务项目能够满足广大农民群众对教育、知识、审美熏陶以及休闲娱乐等方面的需求，对解决“三农”问题、推进社会主义新农村建设具有不可估量的作用。完善农村社区公共文体教育服务功能，须做到以下几点。

一是加强农村文体基础设施建设，建立健全包括县图书馆、乡(镇)文化站、村文化中心、农民活动中心、广播电视台、老年学校、体育健身活动场地等在内的各种文化、教育、体育设施和活动场所，逐步形成完善的农村公共文体教育体系，满足广大农民群众日益增长及日趋多样化的文体教育服务。

二是整合农技、文化、司法以及学校等各类社会资源，优化农村文体教育基层工作人员的文化结构。一方面，强化培训，提高现有文体教育基层工作人员的综合素质；另一方面，完善人才招聘制度、强化竞争和业务考核机制，保障农村文体教育队伍建设。

三是构建农村公共教育体系。农村公共教育的目的是实现教育公平进而保障社会公平，促进社会主义新农村建设。构建完善健全的农村公共教育体系需要建立稳定有效的农村义务教育经费投入的保障机制以确保基础教育经费的增长；建立多元化主体参与农村公共教育供给机制以保障公共教育供给效率；加强农村基础教育财政资金管理，将基础教育经费全部实行预算统编，优化资源配置，以提高农村基础教育财政支出使用效益。

二、公共卫生服务

当前，我国农村乡镇卫生院经费不足，机构性质不一，人员编制管理不规范，公共卫生专业机构与基层卫生服务机构尚未建立良好的指导、培训和考核工作机制以及人才流失严重等因素，直接导致乡镇卫生院“重医轻防、以药养医、以医养防”，严重影响了乡镇卫生院和村卫生室公共卫生职能的落实。

推进农村社区的公共卫生服务项目的发展需要改革乡镇卫生院的管理体制和运行机制，建立预防为主的农村公共卫生体系；通过强化继续教育制度、定向培养适用人才以及鼓励城市卫生机构的在职或离退休卫生技术人员到农村服务等措施培养农村公共卫生服务人才。同时，以人事制度和投入体制的改革为突破口，以开展技术扶贫、技术教育等为手段，吸引和留住公共卫生服务人才；开展健康教育，普及疾病预防和卫生保健知识，强化广大农民群众的健康意识；通过发放基本公共卫生服务卡让广大农民群众自主选择医疗卫生服务机构等措施，促使服务机构改善工作机制，提高服务效率和质量，以建立运转高效的基本公共卫生服务运行机制；将农民群众满意度作为重要指标之一，建立公共卫生服务机构的绩效考核评价机制，促使服务机构不断提高服务质量、改进服务方式、改变服务态度。

三、养老幼托服务

由于农村城市化拉动以及农民生存压力的日益增大，越来越多的农村青壮年选择外出打工，致使农村出现大量空巢家庭，老人和孩子成为留守者，生活得不到照料，情感需求也得不到满足，影响了老人安享晚年以及儿童的健康成长。

农村社区应积极发展养老幼托服务项目，尽力为留守老人与留守儿童提供日常照料，满足其情感需求，保障留守老人照样安享晚年，留守儿童照样健康成长。一方面，以农村社区为载体，以社区基层组织为主导，充分发挥政府、社区、家庭以及个人等多方面的力量，高效整合社区中的财力、物力以及人力资源，针对不同经济状况的留守老人，分别或配合实施经济救助、集中供养、社区居家照料等多种救助和服务方式，使留守老人能够在熟悉的环境里得到必要的救助和照料，切实满足其日常以及情感需求，基本保障其老有所养，老有所依；另一方面，农村社区可以在教育管理部门的领导与扶持下，以社区学校为平台，充分利用社区内的教学资源，组建专业服务队伍和志愿者服务队伍，为留守儿童提供心理疏导、关怀以及日常照顾，满足其日常以及情感需求，切实保障其能够健康成长。

四、环境治理服务

农村环境的质量，不仅关系着农民的健康和生活质量，而且还会直接或间接地对城市产生不可估量的影响。本书所提的“农村环境”主要指农村卫生环境和治安环境。当前，我国农村卫生环境的主要特点为点源污染与面源污染共存，生活污染和工业污染叠加，各种新旧污染相互交织，环境保护工作基础薄弱等。农村恶劣的卫生环境不仅威胁到了数亿农村人口的健康，甚至通过水、大气以及食品污染等渠道影响到了城市人口的健康。此外，工业化、城市化的进一步推进，逐渐触及了社会深层次、结构性的矛盾，致使农村不稳定因素增加，农村治安环境不容乐观。

综合治理农村环境，提高农村的环境保护质量和农民的健康水平，可借助农村社区这一载体，发展环境治理服务项目。充分利用电视、广播、报刊、网络等广泛宣传和普及农村环境保护知识，提高农民群众的环境意识，调动其参与农村环境保护的积极性和主动性。积极向农民推广先进农业技术，大力发展生态农业，努力实现农业产业结构合理化、生产技术生态化、生产过程清洁化、生产产品无害化。统一标准，建立健全农村环境建设的监督与评价机制，定期对各地农村环境建设情况进行检查和评估，并全面落实我国农村环境治理“以奖促治”政策，调动政府、市场、社会以及农民群众的积极性。推进农村警务战略，开展农村社区治安服务，完善利益协调、诉求表达、矛盾调处和权益保障机制，健全治安防控体系，全面提高社区治安综合治理水平，保障广大农民群众的生命与财产安全。

五、信息共享服务

适应与满足广大农民群众对信息共享的迫切需求，农村社区须发展信息共享服务项目，逐步建设覆盖城乡的社区信息综合服务网络，推进各级政府电子政务、网上办事和社会公共服务进入农村社区，进而强化农村社区的信息化建设。如：对政务信息、公共服务资讯，包括职业培训、就业服务、失业救助、社会保障等政府服务信息的整合和利用；对家政物业、商品配送、法律服务、休闲娱乐以及文化教育等社会信息资源的开发等，以实现城乡社区公共服务信息的共享。但重点要加强对农村专业合作社等新型农村经济组织的信息服务，根据农业生产经营的实际，及时调整更新服务信息，提高信息服务的针对性和有效性。

六、其他特色服务

各农村社区除积极发展上述服务项目切实保障相应公共品投入之外，还应在努力争取政府大力支持，调动市场、社会、农民参与供给积极性，保障供给资金来源的前提下，根据自身实际情况，如人口结构、经济发展水平、农民主要收入来源、地域类型、生产生活方式等积极挖掘、创新具有社区特色的服务项目，进一步拓展社区的服务功能，更好地适应与满足广大农民群众日趋多元化与多层次化的公共品需求，促进农村经济社会的发展。如剩余劳动力较多的农村社区可依据市场需求以及农民自身素质等特征对其开展从业道德以及各种有针对性的就业指导与技能培训，提高其就业技能，帮助其实现就业；易发生自然灾害的地区，农村社区应成立灾害应急服务中心，对社区内居民开展经常性的防灾抗灾、自救知识、技能的宣传教育。同时，建立预警救灾运行机制，不断提高农村防灾救灾能力；以养殖业或种植业为主要收入来源的农村社区可成立养殖或种植专业合作社，为广大农民群众提供技术支持、销售渠道等，以提高养殖户或种植户的抗风险能力，实现增收创收。

第三节　以社区为平台，构建农村公共品多元化投入机制

农村社区能够为社会力量、市场力量以及农民自身力量参与公共品投入提供平台与机会，进而构建政府、社会、市场、农民“四位一体”的公共品多元化投入机制，有效保障农村公共

品的供给。

一、政府主导

建立农村公共品资金投入保障机制，整合投入渠道，提高资金的使用效率。政府的职能决定了政府是公共品的投入主体。中央政府作为基本保障型公共品的主要供给者，要明确自身的战略定位，做好公共品投入的远景规划和部署，加大对农村公共品的公共财政投入力度。各级地方政府要积极运用调控手段，对经济条件较差的县和乡镇（街道）给予资金支持与倾斜，同时明确各自的服务边界，以避免因出现公共品投入盲区和交叉覆盖而造成的资金重复投放和无效、低效投放。

搞好城镇社区服务规划，依托农村社区以及社区服务体系的建设推动城乡经济社会一体化发展。政府部门要着眼于当前，立足于长远，将农村社区以及社区服务体系的建设纳入城镇发展规划，然后根据当地农村发展的基本状况以及广大农民群众的生产与生活需求，发展社区服务项目，强化社区服务基础设施的配套建设，实现农村公共品的集中供给，进而引导广大农民群众向城镇以及社区集中，推进农村城市化发展的进程。同时，搞好农村社区的服务项目规划，拓展农村社区的服务领域与功能，推动农村产业结构调整，为当地广大农民群众增收创收创造条件，促进农村经济的发展，进一步推进城乡经济社会的一体化发展。

建立健全政策扶持体系，推动农村公共品投入的社会化发展。农村公共品的投入若主要由政府部门负责，就会造成投入资金不足、供给效率低下，且无法满足广大农民群众对公共品的多元化需求。为此，政府必须要建立健全相关的政策扶持体系，大力引导和动员市场力量、社会力量以及农民自身力量等多元主体积极参与农村公共品的投入。如：制定税收优惠等激励政策鼓励城市的基金会、医疗机构、民办教育机构以及非营利性中介机构等在农村社区设立分机构或项目部，鼓励广大农民群众建立各种专业合作组织和互助协会等社会团体等。但是，由于每个公共品的投入主体都有自身的逐利动机，所以在建立健全政策扶持体系的同时，还必须同时出台相关法律、法规、政策及评估指标来规制各投入主体的行为，以保障各方利益得到协调发展。

二、市场优化

政府基于社会正义和人人平等的原则，提供的是公民都应享受的最基本的公共品，不因地域、民族、性别、经济等因素的差别而有所不同。而市场作为农村公共品投入主体，在自己所提供公共品种类的选择上更加注重满足广大农民群众的差异化需求。而且，在利润最大化的驱使下，市场主体往往更加懂得整合资源，积极挖掘广大农民群众潜在的公共品需求，能够为广大农民群众提供质量更优、层次更多样化、形式更新颖的公共品，有助于将传统的被动投入转化为主动投入，是政府公共品投入机制的有益延伸。

然而，从目前来看，我国市场主体参与农村公共品投入的积极性并不高。一方面，农村公共品具有非排他性，致使市场主体在其生产和供给领域收费变得不可能或者在经济上不划算；另一方面，我国农村公共品的产权不明晰，政府没有为参与农村公共品投入的市场主体提供制度性的、完整的产权保护，致使市场主体在农村公共品投入领域的利益无法得到制度性的保障。为此，政府应实行税收优惠政策，减免市场主体在农村公共品中投资项目的税收，增加他们的经营收益，提高其参与农村公共品投入的积极性。同时，制定严格的产权保护法规，保证市场主体对其所提供的农村公共品拥有所有权、占有权、支配权、使用权、收益权和处置权等产权，切实保障市场主体的根本利益。

此外，市场主体提供农村公共品以营利为目的，经常会按照市场竞争法则选择提供有利于其获利的服务项目，而对那些不能很好获利但又不得不提供的公共品消极供给，这在无形之中就剥夺了生活困难群众享有基本公共品的权利，影响了社会的公平、公正。同时，部分公共品市场化供给的过程中出现的“官商勾结”，暗箱操作现象，如：市场主体以较低的价格、较好的让利以及政策优惠取得某些公共品的经营权，政府官员则从中获取私利的现象，市场主体直接以高成本的行贿取得公共品经营权后抬高供给价格现象等，严重损害了消费者的利益。所以，对政府而言，以公众满意度、基本公共品公平分配等为出发点，建立完善的农村公共品投入绩效考核体系，确保广大农民群众能够公平地享受基本公共品以及规范农村基本公共品的收费标准，限制基本公共品收费的适用范围就显得极其迫切。

三、社会协同

农村第三部门是指由农民自发组织、自愿参与，不以营利为目的，为农村社会公益或共益而从事商品生产、流通、提供物品或公共服务的一切社会组织。它作为农村公共品的投入主体，不仅能够增加基本公共品的供给总量，而且能够满足广大农民群众多层次、多样化的需求，也是对政府失灵和市场失灵不可或缺的有益补充。但是，当前我国农村第三部门发展滞后，自身管理能力孱弱、内部管理机制不健全，挫伤了广大农民群众参与公共品投入的积极性。此外，我国相关法律法规以及政策的缺失、对农村第三部门监管的缺位等种种因素也严重制约了第三部门公共品投入主体作用的充分发挥。所以，充分发挥农村第三部门公共品投入主体的积极作用，需着力从以下几个方面入手。

积极推动农村第三部门自身发展。首先，地方乡镇政府要采取切实措施，在实践中进一步完善村民自治制度，为农村第三部门自身发展提供良好的制度环境；其次，建立资金筹集多元化渠道提高自身的筹资能力；再次，强化对工作人员的业务培训，同时借鉴企业的管理机制以及国外非营利组织的管理经验，提高其内部管理能力；最后，完善组织内部章程，强化农村第三部门的自律机制，推动其健康发展。

完善农村第三部门的相关法律和制度体系。第一，借鉴国外关于农村第三部门立法方面的先进经验，结合我国农村第三部门的特色，制定配套的、不同层次的法律法规体系；第二，转变乡镇政府职能，健全对农村第三部门的政策扶持体系，创造有利于农村第三部门发展的体制环境。

健全对农村第三部门的监督体系。转变乡镇政府对农村第三部门的监管理念，强化对其日常管理与运行的监督；强化广大农民群众的维权与监督意识，鼓励媒体、舆论以及村民对农村第三部门违法违纪的事件和损害集体利益的事件积极举报、揭发，实现对农村第三部门的社会监督；建立健全农村第三部门内部监督机制，强化自律意识，实现自我监督。

建立城市与农村第三部门互动的良性机制。各级地方政府，第一应努力在全社会营造关注农村发展、支持农村发展的良好氛围；第二，要积极、认真地聆听并总结当地广大农民群众对公共品的需求种类、层次等，及时掌握农村公共品投入的实际状况；第三，充分利用城市第三部门的闲置社会资源，挖掘其巨大潜力，最大限度地适应农村对公共品的需求；第四，在此基础之上，要积极探索，通过多种方法与途径营造良好的政策、体制和舆论环境，为城市与农村第三部门之间的良性互动创造良好的外部环境。近些年来，我国在各级政府和团中央的推动下开展起来的科技、文化、卫生“三下乡”活动以及“大学生志愿服务西部计划”，就是在现有体制框架下，充分利用城市第三部门的巨大作用，适应和满足农村公共品需求的创举。

四、农民参与

农民是农村公共品投入的直接受益主体，是农村社区与社区服务体系建设以及农村经济社会发展的利益主体与建设主体。只有充分发挥广大农民群众在农村公共品投入中的积极性、主动性和创造性，使农民真正成为农村公共品投入中的参与者、受益者、监督者和自理者，才能有效保障农村公共品的投入。

构建农民参与公共品投入决策的有效渠道。通过促进政府与农民之间的互动实现农村公共品投入决策机制由“自上而下”向“自下而上”的转变，有利于农民表达对公共品的真正需求与偏好，进而提高农村公共品的配置效率。

构建和完善农民需求表达的组织渠道。引导农民建立各类生活服务型社会组织，如残疾人会等，鼓励农民成立生产发展型社区服务组织，如渔业畜业协会、水果协会等，不仅可以通过组织途径有效维护农民的正当权益，而且还为农民表达对公共品的需求与偏好提供了组织渠道。

加强基层民主政治建设。一方面，鼓励和引导广大农民群众正确行使自己的民主权利，拓宽其参政渠道，使其根本利益得到充分表达；另一方面，充分尊重广大农民群众的知情权、参与权、管理权和监督权，让其通过民主选举、民主决策、民主管理和监督参与对社区事务的直接管理。这样既能确保农村社区事务的公开透明，又能激发广大农民群众参与公共品投入的积极性。

培养造就有文化、懂技术、会经营的新型农民。我国农民的素质较低，要从根本上提高农民参与公共品投入的积极性、主动性与创造性，就必须要强化对农民，尤其是青壮年农民的思想教育和技能培训工作，加快建立政府扶助、面向市场、多元办学的培训机制，形成多渠道、多层次、多形式的农村教育培训体系，培养造就一批有文化、懂技术、会经营的新型农民，以提高农民参与公共品投入和需求与偏好表达的技能。

第四节 注重人才培养，加强农村社区服务队伍建设

人才是和谐社区建设的基础条件和重要保障。当前，我国农村社区服务人才数量严重不足，整体素质不高，人才队伍结构不合理、不完善，严重制约了我国农村社区服务体系建设进程的推进，影响了农村公共品社区化供给的效果。为此，提升农村基层干部为民服务水平，培育农村社区志愿者队伍，建立健全农村社区服务人才引入机制，构建农村社区服务人才培训体系是当务之急。

一、提升农村基层干部为民服务水平

农村基层干部是党在农村各项方针政策的主要贯彻者和直接实施者，是团结带领广大农民群众建设社会主义新农村的主力军。他们的为民服务水平影响着农村整体的凝聚力，决定着党在农村各项方针政策的贯彻与实施效果。当前，我国农村基层干部综合素质不高、工作能力不强，为民服务意识与水平低下。为加强农村社区服务队伍建设，推进农村社区服务体系建设进程，进而适应与满足广大农民群众的公共品需求，农村基层干部必须要强化修炼四种功夫，切实提高为民服务意识及水平。

“苦功”。农村工作生活条件较差、任务繁重，农村基层干部尤其要守得住清贫、耐得住寂寞、经得起诱惑，要勇于面对工作中群众的责难与遭受的挫折，要深入基层走到群众中来体察民情、关心群众疾苦。

“硬功”。一方面，受宗族、姓氏等因素影响，农村基层情况复杂，工作硬骨头多，农村基层干部要有敢于碰硬的气概；另一方面，农村基层干部要有听取批评和反面意见的硬气。基层群众有

意见并不可怕,尤其是批评与反面意见。因为这些意见能够让基层干部认识到自身的不足,有利于工作改进与能力提升。

“软功”。农村基层干部要善于做细致的思想政治工作,及时、有效地解决干群以及群众之间的矛盾与纠纷;要善于积累、借鉴并向农民群众传授致富经验,为民创收;要切实为民着想,将农民在生产生活中遇到的难事与不幸当做自己的难事与不幸,积极为民解忧。

“内功”。社会主义新农村建设的新形势要求农村基层干部在完成繁重日常工作的同时,要挤出时间学习各种政治理论和中央、省、市、县有关文件精神以及市场经济、法律、历史等方面的知识,强化修养,养成自主学习、系统学习的良好习惯,不断提升自身综合素质,真抓实干,切实为民谋利益。

二、培育农村社区志愿者队伍

建立农村社区志愿者激励制度,疏通社会成员进入农村社区充当志愿者的通道,鼓励并引导有志于投身新农村建设以及家乡建设的伟大工作中的社会力量以及广大农民群众,通过不同形式参与到农村社区以及社区服务体系建设的活动中去,以不断壮大农村社区志愿者队伍。

目前,要着力鼓励和引导干部及国家工作人员、医生、老党员、老干部、老模范、老复退军人、老教师、县乡两级退居二线或退休的干部、无职党员、致富能手、外出务工人员、妇女、青年学生等,积极参与到建设家乡、造福乡梓的农村社区以及社区服务体系的建设中去。同时,认真培养社区建设志愿者队伍中的先进单位和个人,总结志愿者队伍组织活动的成功经验,加大对先进单位及个人的表彰与宣传力度,激发他们继续保持投身农村社区以及社区服务体系建设工作的热情,发挥表率及模范作用,吸引更多的人员参与到农村社区建设的志愿者队伍中来。

三、建立健全农村社区服务人才引入机制

为加强农村社区服务队伍建设，除了提升农村基层干部为民服务水平、培育农村社区志愿者队伍之外，还需要建立健全农村社区服务人才的引入机制，以推进社区服务人才队伍专业化、职业化。建立吸引大中专院校毕业生到农村社区工作的相关制度与政策，如大中专院校毕业生到农村社区工作一定年限之后在考研、考公务员方面的优惠政策，立志长期从事农村社区服务人员的奖励制度与政策等，营造知识分子到农村社区工作光荣的社会氛围，扩大社区服务人员的来源渠道，优化社区服务人才结构。面向社会公开招聘一定数量的专职社区工作者，择优录用，提升社区服务工作者的专业化水平，更好地为民服务。扩大农村社区服务知识以及技能培训对象的范围，为农村社区服务体系的持续运转储备足够的人才。同时，还要建立健全农村社区服务人员的薪酬机制，依照相关法律政策规定落实社区引进人才的生活补贴、工资、社会保险等福利待遇，并对有突出贡献的农村社区引进人才给予相应的奖励，使农村社区不仅能引进人才，而且能够留住人才。

四、构建农村社区服务人才培训体系

首先，依托农村地区针对农民进行职业教育的现有培训体系，建立农村社区服务人才培训的远程教育和网络教育体系，构建农村社区服务人才的基本教育网络；其次，通过加强与地方高校、科研机构以及各级地方政府党校的联系与合作，建立农村社区服务高级专门人才的培训基地，开展以职业素养、服务技能和服务规程等为内容的教育培训。最后，建立相应的培训考核机制。只有参加了职业技能培训的农村社区服务工作人员才能上岗，而且上岗

人员必须定期参加继续教育培训，以逐步建立起持证上岗和竞争上岗制度，激励和督促农村社区服务工作人员自主学习，不断提升自己的从业道德和专业技能，以便更好地为民服务。

参考文献

[1] 张军,何寒熙.中国农村的公共产品供给:改革后的变迁[J].改革,1996(05).

[2] 王国华.农村公共产品供给与农民收入问题研究[J].中央财经大学学报,2004(01).

[3] 黄志冲.农村公共产品供给机制创新的经济学研究[J].中国农村观察,2000(06).

[4] 陶勇.农村公共产品供给与农民负担问题探索[J].财贸经济,2001(10).

[5] 熊威.我国农村公共产品供给分析与模式选择[J].中国农村经济,2002(07).

[6] 徐小青.中国农村公共服务[M].北京:中国发展出版社,2002.

[7] 苏时鹏.转型时期农村公共品供给体制研究[D].福建农林大学博士学位论文,2006.

[8] 曾宏.农村公共品的有效供给与建设社会主义新农村[J].当代经济研究,2006(09).

[9] 李燕凌.农村公共品供给效率论[M].北京:中国社会科学出版社,2007.

[10] 佟光霁,李海涛.新农村建设与农村公共品供给关系的规范分析[J].学术交流,2010(03).

[11] 张国富,孙金华.论农村公共品供给与新农村的建设[J].经济问题,2006(02).

[12] 刘保平,秦国民.试论农村公共品供给体制:现状、问题与改革[J].甘肃社会科学,2003(02).

[13] 匡远配.贫困地区县乡财政体制对农村公共品供给影响的研究[M].北京:中国农业出版社,2006.

[14] 雷玉琼,李双程.农村公共服务需求的区域性异同分析[J].求实,2010(07).

[15] 张晓亮.我国农村公共品供给制度的困境与创新[J].农村经济,2009(12).

[16] 张仲芳.新农村建设中的农村公共品供给机制创新研究[J].求实,2008(04).

[17] 郑茂雄.培育与激励:农村公共品供给主体多元有效的政府责任[J].广东农工商职业技术学院学报,2010(04).

[18] 史玲.我国农村公共品供给主体研究[J].中央财经大学学报,2005(05).

[19] 吴婷.论农村公共品的多元供给主体——基于多中心治理理论[J].广西财经学院学报,2011(01).

[20] 李海舰.基于集体行为视角的农村社区公共品供给分析[J].河南师范大学学报,2010(03).

[21] 廖清成.关于农村公共品供给主体多元化问题的思考[J].金融与经济,2004(12).

[22] 贺程.我国农村公共品供给机制研究[D].兰州大学硕士学位论文,2009.

[23] 罗宏磊.农村公共品供给主体失衡及对策研究——以S镇为例[D].湖南师范大学硕士学位论文,2008.

[24] 曾金盾.多元化的农村公共品供给主体的构建[J].内蒙古农业大学学报,2009(05).

[25] 孟凡斌.农村公共品供给中的问题及其对策研究[D].华中师范大学硕士学位论文,2007.

[26] 周乐.我国农村公共品供给主体“一体和多元化研究”[D].电子科技大学硕士学位论文,2007.

[27] 刘大坤.后农业税时代我国农村公共品供给模式研究[D].南京师范大学硕士学位论文,2008.

[28] 张颖.农村公共品供给的国际经验及启示[J].商业时代,2007(36).

[29] 邵源.国外有关构建农村公共品供给机制的理论依据与实践经验[J].经济研究参考,2007(12).

[30] 陈凤舟.农村公共品问题研究[D].福建农林大学硕士学位论文,2009.

[31] 王玲,兰庆高,于丽红.借鉴国外经验完善中国农村公共品供给[J].世界农业,2008(06).

[32] 廖红丰,尹效良.国外农村公共品供给的经验借鉴与启示[J].广东农业科学,2006(04).

[33] 毕红霞.农村公共品供给制度的国际经验借鉴[J].管理,2007(07).

[34] 任勤.完善和创新农村公共品的需求表达机制与决策机制[J].福建论坛,2007(09).

[35] 鲜宇亮,罗岚.当前农村公共品供给问题探讨[J].农村经济,2007(05).

[36] 刘蕾,崔永超.农村公共品供给资金的财政保障机制研究[J].改革与战略,2007(06).

[37] 张秀生,胡吉嵘.农村公共品供给的制度创新[J].求是,2007(13).

[38] 詹成付,王景新.中国农村社区服务体系建设研究[M].北京:中国社会科学出版社,2008.

[39] 李成贵.造福农民的新机制——山东省诸城市推进农村社区化服务的实践与成效[M].北京:人民出版社,2008.

[40] 王洪斌.诸城市农村社区化模式研究[J].世纪桥,2010(09).

[41] 王健,徐睿,陈艺.统筹城乡发展视野中的农村公共服务社区化建设探索[J].四川省社会主义学院学报,2009(01).

[42] 冯雅群.农村社区公共服务体系建设的实证研究——以L市Y县为例[J].山西师大学报(社会科学版),2010(S1).

[43] 宋合利.新农村建设背景下农村基层党组织建设的对策[J].经济与社会发展,2011(05).

[44] 陈振锋.对农村基层党组织现状的分析[J].理论界,2005(08).

[45] 张立华.新型农村金融服务业发展障碍与对策研究[J].财会月刊,2011(06).

[46] 新农村建设中的公共物品供给——基于拓展第三部门供给作用的若干思考[EB/OL],http://db.sdxlib.gov.cn/detail?record=880&channelid=39407,2007.

[47] 唐晓英,周溥嘏.社区养老:解决我国农村养老问题的崭新模式[J].学术交流,2010(04).

[48] 周素萍,赵京华,张亦明,杨斌.我国农村公共服务体系的建立及完善[J].农业经济,2010(08).

[49] 张燕,幸奠国,王星月,马海东,王润华.推进重庆基本公共卫生服务均等化的策略[J].现代预防医学,2010(16).

[50] 胡畔,谢晖,王兴平.乡村基本公共服务设施均等化内涵与方法——以南京市江宁区江宁街道为例[J].城市规划,2010(07).